CHRISTIANE VON GOETHE

Dichtung und Wahrheit

Annette Seemann

CHRISTIANE VON GOETHE

Dichtung und Wahrheit

Herausgegeben von der
Historische Kuranlagen und Goethe-Theater
Bad Lauchstädt GmbH

GOETHE-THEATER
BAD LAUCHSTÄDT

mitteldeutscher verlag

Umschlagabbildung: Christiane von Goethe, Holzstich nach einer Miniatur von Joseph Raabe, 1811, Postkarte, um 1920 (Archivbestand Historische Kuranlagen und Goethe-Theater Bad Lauchstädt)

Frontispiz: Christiane Vulpius 1788/89, Bleistift- und Kreidezeichnung von Johann Wolfgang von Goethe (Klassik Stiftung Weimar, Bestand Museen GGz/0864)

Bibliografische Information der Deutschen Nationalbibliothek
Die Deutsche Nationalbibliothek registriert diese Publikation in der Deutschen Nationalbibliografie; detaillierte bibliografische Daten im Internet unter http://d-nb.de.

www.mitteldeutscherverlag.de

Gesamtherstellung: Mitteldeutscher Verlag, Halle (Saale)

ISBN 978-3-96311-095-5

Printed in Germany

INHALT

1

CHRISTIANE VON GOETHE: DICHTUNG UND WAHRHEIT

„… die Rabatten vor Deinen Fenstern schmücken die schönsten gefüllten Tulipanen …“

Es gibt keine Person des Ensembles „Weimarer Klassik“, über die bis heute derartig viele Irrtümer kursieren, ungeprüfte Annahmen und Verschleierungen, also letztlich Nichtwissen oder Rätsel, wie über Christiane von Goethe, geb. Vulpius. Den Anfang der Verrätselungen bildeten sogar Goethes und Christianes eigene Kommunikationsstrategien.

Im Grunde beginnen diese mit Christianes Geburtsdatum, das laut Kirchenbucheintrag in Weimar (Taufprotokolle der Hofkirche) der 1. Juni 1765 abends um halb neun war. Die Taufe erfolgte am Tag darauf nachmittags „dreiviertel auf ein Uhr“, also 12.15 Uhr: Johanna Christiana Sophia Vulpius waren die niedergelegten Namen. Gleichwohl feierten Goethe und Christiane den Geburtstag immer am 6. August – warum, darf oder muss als ein Rätsel bestehen bleiben.

Der erste Irrtum bezieht sich auf Christianes Vorfahren: „Weimarer Armut“ sei es gewesen, und meist wird das sehr verkürzend kolportiert. Sigrid Damm[1] hat dies nach Wolfgang Vulpius[2] verdienstvoll noch einmal aufgedröselt. Christianes Vorfahren waren in Wahrheit über Generationen Pfarrer im Norden Thüringens, wo auch die Vorfahren Goethes, die allerdings Bauern und Handwerker waren, herstammten. Der Großvater Christianes wählte nicht den Pfarrberuf, er wurde Jurist. Johann Friedrich Vulpius studierte in Jena und wurde Hofadvokat in Weimar. 1723 heiratete er eine Pfarrerstochter. Wir befinden uns geschichtlich in der Zeit Ernst Augusts von Sachsen-Weimar (1688–1748), eines der bauwütigsten Herrscher seiner Zeit, des künftigen Schwiegervaters Anna Amalias, also in der Barockzeit. Dieser Herrscher bezahlte über Jahre seine Beamten gar nicht oder nur zum geringen Teil, so geschah es auch Vulpius, der nach und nach seinen ansehnlichen Besitz veräußern musste, um die Familie zu ernähren. Dies erst leitete den Niedergang ein – es handelte sich also mitnichten um eine Familie von immer Armen, die wahrscheinlich auch nicht strebsam und klug genug waren, um sich ihr Leben zu erwirtschaften. Der Herzog, der im kleinen Herzogtum zehn Jagdhäuser und -schlösser gebaut hatte, bei seinem Tod 1.100 Jagdhunde und 373 Reitpferde, darunter viele teure aus England, hinterließ, starb mit einer Schuldensumme von 360.000 Talern, die er seinem Sohn Ernst August II. Constantin und dann auch der Schwiegertochter Anna Amalia hinterließ. Wie sollten diese die Schulden begleichen, wie die Hofbeamten auch nur halbwegs überleben?

Christianes Vater trug die gleichen Vornamen wie sein Vater: Johann Friedrich. Er war der einzige Sohn unter fünf Schwestern und sollte nach dem Willen seines Vaters ebenfalls Jurist werden. Zwei Jahre des Studiums in Jena finanzierte der ihm, dann war auch das Vermögen der Mutter dahingeschmolzen. Am Weimarer Hof eine Anstellung zu finden, war das Hauptanliegen des Sohns. Zehn Jahre brachte er mit Bittgesuchen zu, erbat sogar, gratis arbeiten zu dürfen.

Ab 1754 war Johann Friedrich Vulpius d.J. Waise und noch für zwei überlebende Schwestern, darunter Juliana, zuständig. Unablässig schrieb er Gesuche, bat um Einstellung. Er arbeitete unentgeltlich im Rechnungswesen des Hofs. Dafür erhielt er, wenn überhaupt, Naturalien. Endlich wurde er als Kopist beim Fürstlichen Amt zu Weimar eingestellt, das war 1759. Im selben Jahr hatte Anna Amalia die vormundschaftliche Regierung in Sachsen-

Weimar übernommen. 50 Taler betrug das Jahreseinkommen von Vulpius – ein Handwerker verdiente damals mehr.

Ein Jahr später heiratete der inzwischen 35 Jahre alte Mann die 18 Jahre alte Margarethe Riehl, Tochter eines auskömmlich wirtschaftenden Strumpfverlegers aus Schwarza. Die Braut erhielt eine gute Mitgift, die Großeltern Riehl schossen dazu. Das junge Paar bekam 1762 einen Sohn, dann ein Kind, das früh starb, sodann wurde 1765 Christiane geboren. Diese Ehe versprach eigentlich zu prosperieren.

Das Ausscheiden von Johann Friedrich Vulpius d. J. aus seiner Stellung ist mit heute nicht mehr erklärbaren Umständen verbunden, daher für uns ein ungeklärtes Rätsel. Wie es dazu kam, kann immerhin referiert werden. Mit dem Tod des Schwiegervaters Riehl 1769 fielen die Zuschüsse der Großeltern weg. Christianes Vater erhielt nach zehn Jahren Dienst nun auf Bitten immerhin 75 Taler pro Jahr. Er begründete seinen Anspruch damit, dass er das Vermögen seiner Frau schon zugesetzt habe. Die Wiederholung des bereits Erlebten also.

1770 erfuhr er, dass eine Bewerbung auf eine besser dotierte Stellung abgelehnt wurde. 1771 starb Christianes Stiefmutter, deren letztes Kind nur wenige Tage lang gelebt hatte. Es hatte Missernten gegeben, Teuerung war damit einhergegangen und Hunger in der Bevölkerung. Aus dieser Situation heraus erklärte man sich, dass es nicht möglich war, Christiane zur Schule zu schicken, denn das kostete Geld. Irgendwann hat sie dennoch Lesen und Schreiben gelernt. Nur ihr älterer Bruder Christian August besuchte nachweislich die Schule, dann auch das Weimarer Gymnasium neben der Kirche St. Peter und Paul.

Vater Vulpius gab nicht auf, heiratete erneut zu Weihnachten 1774. Es wurde Zeit, seine Braut war hochschwanger. Wieder war es eine gutbürgerliche Tochter, und zwar die des Amtsverwalters von Schloss Heldrungen. 1775 wurde im Februar Ernestine geboren, das einzige der Halbgeschwister, das für Christiane eine Rolle

1 Ansicht der Luthergasse in Weimar mit dem Geburtshaus von Christian August und Christiane Vulpius, Aquarell von von der Dollen, ohne Jahr

spielen sollte, das einzige, das überleben sollte. Aber weiter in der Geschichte der Entlassung von Johann Friedrich Vulpius.

Die diesbezüglichen Akten sind im Zweiten Weltkrieg nach Bad Sulza ausgelagert und dort durch Brand zerstört worden. Lediglich ein Hinweis existiert: Es geht um ein Repertorium des Thüringer

Hauptstaatsarchivs, das die verbrannte Akte erwähnt[3] mit der Aufschrift „Die Regierungsakten über das von dem Amtsarchivarius Vulpius und Amtsdiener Graf durch Fertigung eines falschen Konsenses zu Schulden gebrachte Falsum ingleichen die Besetzung der Subalternenstellen bei dem Amt Weimar 1782–85".[4]

Falsum bezeichnet in der Juristensprache Trug oder Täuschung. Von Seiten des Vulpius und des Amtsdieners Graf gemeinsam verübt? Weder weiß man, um welche Summen es sich handelte, noch welches die involvierten Personen waren, wer die Subalternenstelle besetzen sollte und ob eventuell „Schmiergelder" geflossen waren. Sicher ist aber, dass Vulpius und Graf für vier Wochen ins Zuchthaus gebracht wurden. Das war im März 1782.

Hier zeigte sich Christiane mutig: Nicht ihre Stiefmutter, sondern sie selbst setzte ein Gnadengesuch für ihren Vater auf. Vielleicht mit Hilfe des Bruders? Wir wissen es nicht.

Es erfolgte die Entlassung des Vaters, doch auch seine Suspendierung. Das geschah mit den Unterschriften Goethes und seiner Kollegen Fritsch und Schnauß aus dem Geheimen Consilium von Sachsen-Weimar und Eisenach – und mit der des Herzogs Carl August, im Mai 1782.

Wiederum war es Christiane, erst 17 Jahre alt, die in dieser Situation um die Bewilligung von Unterhalt für sich, ihre Mutter und ihre Geschwister bat.

Daraus lässt sich erkennen, wie zupackend sie war, obwohl sie sich diese Schreiben vermutlich wieder hat aufsetzen lassen müssen. Man ließ sie über Wochen im Ungewissen. Dann beschied die Regierung, Vulpius habe in die Wegebaukommission als Aufsicht einzuziehen. Das war ein anstrengender Posten, und Vulpius ging schon auf die sechzig zu. Wurde er wirklich dazu herangezogen? Auch das wissen wir nicht. Er erhielt dafür jedenfalls ein symbolisches Gehalt von einem Taler monatlich.

Kommen wir zu einem nächsten Irrtum, er betrifft die Berufstätigkeit Christianes.

Zwischen Christianes 17. und 18. Lebensjahr (1782/83), also wahrscheinlich kurz nach dem berichteten Desaster in der Familie, richtete Friedrich Justin Bertuch einen Ort ein, den seine Frau und seine Schwägerin regierten und an dem durch junge Mädchen der Weimarer Gesellschaft künstliche Blumen hergestellt werden sollten. Diese Mode kam von Paris her und sollte nach dem Willen von Bertuch, dem damalige Modezaren in Weimar, auch in Deutschland en vogue werden.

Wohlgemerkt befinden wir uns noch lange vor der Industrialisierung, und die entlohnte Arbeit von jungen Mädchen oder Frauen ist außer im häuslichen Eigenbetrieb nicht zu denken. Also war es eine Schande, als Familienvater seine Tochter dorthin zu schicken? Keinesfalls, denn Bertuch hatte es offenbar als ein Privileg „verkauft", dort arbeiten zu dürfen. Insgesamt waren es keine armen Mädchen, die er einstellte, sondern im Gegenteil junge Damen aus dem Bürgertum und höher stehendere, die sich – vielleicht aus Langeweile – bereit erklärt hatten, bei Bertuchs Frau und Schwester künstliche Blumen herzustellen.

Das ist also der erneute Irrtum: Christiane hat nicht in einer Blumenfabrik als Arbeiterin gearbeitet, solche gab es noch gar nicht, sondern sie hat bei Bertuchs Frau hochwertiges kunsthandwerkliches Arbeiten auf diesem Sektor erlernt. Es waren äußerst artifizielle Produkte, die dort gefertigt wurden und mit denen aus Paris konkurrieren sollten – und es auch taten. Diese künstlichen Blumen zierten damals Damenhüte, sie waren anzunähen an alle weiblichen Kleider, und sie konnten Wohnungen verschönern – Blumenkörbe mit künstlichen Blumen dekorierten die Damen damals gern. Mit einher bei dieser Arbeit ging natürlich die Geschmacksbildung der jungen Damen. Dass Christiane bei Bertuchs regelmäßig gut erzogene junge Frauen getroffen und gesprochen hat und damit auch Abstand von ihrer deplorablen Familiensituation gewinnen konnte, war so etwas wie eine neue Erziehung, von der sie mit Sicherheit profitierte. Gleichwohl hat sie sich ihr natürliches Wesen bewahren können.

Bertuchs Wohnhaus (das heutige Stadtmuseum Weimar), in dem dies alles stattfand, war kurzzeitig auch dessen „Landesindustriecomptoir“. Wenig später war die Fabrikation schon ausgelagert in das sogenannte Wochische Haus, das spätere Hotel Chemnitius, am Karlsplatz, dem heutigen Goetheplatz. Leider fehlen im Bertuch-Nachlass im Weimarer Goethe- und Schiller-Archiv die Dokumente über die Tätigkeit Christianes. Sie selbst wie auch Goethe äußerten sich später gar nicht dazu, doch es ist mit Sicherheit anzunehmen, dass sie mehrere Jahre zunächst vier, später mehr Tage in der Woche dort gearbeitet hat. Eine Quelle immerhin gibt es, Caroline Jagemann, Nachbarin aus Kindheitstagen und auch Freundin, die berichtet, dass Christiane den Vater ernährte.[5]

Interessant wäre es zu wissen, wie Christiane an diese überlebenswichtige Arbeit gekommen ist. Da mag mit Sicherheit die Bekanntschaft ihrer Familie mit Bertuch aus einer Patenschaft für einen früh verstorbenen Halbbruder Christianes eine Rolle gespielt haben, so dass davon auszugehen ist, dass Bertuch um die wirtschaftlichen Nöte in der Familie Vulpius wusste. Diese wuchsen. Christianes Stiefmutter starb Anfang 1783.

Ein kurzer Abstecher in die Lebenswirklichkeit dieser Familie mag erfolgen: Es lebten jetzt nur noch der Vater, die Tante Juliane, die Halbschwester Ernestine und Christiane selbst im Haus in der Luthergasse. Bruder Christian August studierte mit einem Stipendium Herzog Carl Augusts in Jena Jurisprudenz. Aber mehr interessierten ihn die Literatur, Romane, das Theater.

Dann starb 1786 Johann Friedrich Vulpius d.J. Das wurde in Weimar – und zwar auch von Goethe – sehr wohl zur Kenntnis genommen. Und auch die literarischen Versuche von Christian August Vulpius. Diese fand er allerdings „schaal, abgeschmackt und abscheulich“. Trotzdem setzte er sich – vermutlich 1785/86 – für

2 Christian August Vulpius, Öl auf Papier und auf Leinen kaschiert, ohne Autorenangabe oder Datum (um 1790?)

den jungen Mann ein, wie er 1788 schrieb. In welcher Weise er dies tat, ist jedoch nicht bekannt.

Goethe ging daraufhin auf die für ihn lebenswichtige und lebensbedeutsame Reise nach Italien, die vom Spätsommer 1786 bis zum Frühsommer 1788 dauern sollte. Am 18. Juni 1788 war er wieder in Weimar.

Wenig später kam es zu der folgenschweren Begegnung zwischen Goethe und Christiane, und rund um die Umstände gibt es ebenfalls etliche ungelöste Fragen bzw. auch falsch kolportierte Behauptungen. Was war die Ausgangslage?

Christiane hatte den Wunsch oder fühlte die Verpflichtung, sich erneut für ein Familienmitglied einzusetzen, diesmal für ihren Bruder, der inzwischen in Nürnberg beim Kreisgesandten von Soden ein Fronamt als Sekretär erledigte, wenngleich er eigentlich eine Dichterexistenz anstrebte – genauso wie Goethe. Dieser, das wünschte er sich, sollte ihm helfen, ihm am damaligen Markt Möglichkeiten eröffnen oder gar eine Stelle am Hof vermitteln. Das Bittschreiben selbst existiert leider nicht mehr. Goethe war nach zweijähriger Abwesenheit gerade erst aus Italien zurückgekehrt.

Wann jedoch fand die erste Begegnung zwischen Goethe und Christiane statt? Wann wurde das Bittschreiben überreicht? Und wo war das?

Wer so tut, als stünde dies alles zweifelsfrei fest, übersieht entscheidende Inkongruenzen: Den 12. Juli 1788 als Datum der ersten Begegnung und gleichzeitigen Übergabe der Bittschrift einzusetzen, passt nicht mit der Tatsache zusammen, dass Goethe am Tag zuvor unter „Abgegangene Briefe" einen an Christian August Vulpius nach Nürnberg aufführt. Einen anderen Grund, als auf die Bittschrift zu antworten, hatte der Dichter damals nicht. Er kannte die schriftstellerischen Werke des jungen Manns, aber schätzte sie wie bemerkt keineswegs. Derartige Verwerfungen beschweigt man lieber. Auf keinen Fall kann Christiane Vulpius Goethe im Gartenhaus im Ilmpark am 12. Juli aufgesucht haben, denn dieses

3 Christiane Vulpius im Gartenhaus in Weimar, Bleistiftzeichnung von Johann Heinrich Lips (um 1790) nach Johann Wolfgang von Goethe

wurde damals noch und bis zum 19. Juli 1788 von Goethes Freund Knebel bewohnt. Tatsächlich wurde der 12. Juli aber von Goethe und Christiane immer als Datum des Beginns ihrer Liebesbeziehung gefeiert. Sollte es sich auch nur um ein verschleierndes Datum handeln im Sinne des Geburtstags von Christiane? Oder war der 12. Juli wirklich der Beginn der Liebesbeziehung?

Wäre dem so, müsste festgehalten werden, dass die erste Begegnung und damit die Übergabe der Bittschrift in jedem Falle vor dem oder am 11. Juli selbst stattgefunden haben müsste. Ob die Begegnung im Park stattgefunden hat oder im Haus am Frauenplan, muss offenbleiben. Im Gartenhaus jedenfalls trafen sich Goethe und Christiane zu diesem Datum nicht.

Nun, wie gesagt, Goethe und Christiane feierten jedenfalls zeitlebens den 12. Juli als Beginn ihrer Liebe. Ein Beispiel dafür ist Goethes Brief an Schiller vom 13. Juli 1796, in dem er einige Daten korreliert: „Heute erlebe ich auch eine eigne Epoche, mein Ehestand ist eben 8 Jahre und die französische Revolution 7 Jahre alt."[6]

Dies wirft auch ein Schlaglicht auf Goethes Auffassung seiner Beziehung zu Christiane als Ehe „bloß ohne Zeremonie“, wie er an anderer Stelle bemerkte.

Wir kommen zu einem weiteren Irrtum: In fast allen Publikationen zu unserem Thema wird behauptet, Christiane hätte im Vergleich mit anderen Frauen ihrer Zeit sehr schlecht geschrieben und unterscheide sich allein schon dadurch um Lichtjahre von gebildeten Frauen. Sicherlich war Christiane nicht gebildet, aber sie besaß natürliche, praktisch untersetzte Intelligenz. Wie die meisten Menschen damals, inklusive Goethe, Schiller, Wieland und Herder, also die am meisten gebildeten überhaupt, sprach sie den Dialekt ihrer Heimat, in ihrem Falle das Thüringische. Anders als die genannten Dichter schrieb sie auch in ihrem Dialekt. Sie schrieb nicht gern, denn das Schreiben machte damals Mühe. Nur wenn man es oft betrieb, wurde es leichter, Gänsekiele anzuspitzen, mit der Tinte geschickt umzugehen und gerade zu schreiben. Christiane kämpfte mit den Schreibmaterialien. Wenn sie schrieb, war es ein Liebesbeweis. Sie und später der gemeinsame Sohn August wurden von Goethe, war er abwesend, immer aufgefordert, ihm zu schreiben. An andere Menschen zu schreiben, kostete Christiane noch mehr Überwindung, aber sie tat es. Einmal z. B. schrieb sie, ohne es mit Goethe zuvor abgesprochen zu haben, der offenbar ihre Briefe an seine Mutter vorher noch einmal korrigierte, an die Frau Rat Goethe in Frankfurt, und kommentierte das in ihrem Brief an Goethe so: „Ich bin recht böse auf mich, daß ich auch gar nichts kann.“[7]

Einige Beispiele für die Orthographie Christianes: Efijenige (Iphigenie), Grüdick (Kritik), Eeckibbasche (Equipage), förichen (Ferien) und beliebig so weiter. Es gibt Wörter aus ihrer Feder, die bis heute nicht entschlüsselt werden konnten!

Aber andere Frauen, die gebildeter waren, etwa auch Französisch gelernt hatten, machten ebenfalls Fehler, inklusive Herzogin Anna Amalia, Charlotte von Stein oder Bettine von Arnim.

War es möglicherweise Schikane von Goethes Seite, wenn er Christiane bat, ihm zu schreiben? Wollte er sich über die ungelenken Versuche amüsieren?

In keinem Falle war das so. Er wollte vielmehr teilhaben an ihrem häuslichen Leben und auch an dem dieses ergänzende, lebenslang von ihr betriebenen Vergnügungsprogramm. Goethe war es auch, der diesen Vers schrieb:

> „Welche Schrift ich zwei- ja dreimal hintereinander lese?
> Das herzliche Blatt, das die Geliebte mir schreibt."[8]

Eine Probe für Christianes Herzlichkeit, ihre Liebe zu Goethe, für die Kraft, die seine Briefe ihr vermitteln, und ihr Talent zum Glücklichsein ist dieser Brief vom 24. November 1798:

> „Ich danke Dir vor das Rehebrätchen. Itzo gehen bei uns die Winterfreuden an, und ich will sie mir durch nichts lassen verbittern. Die Weimarer thäten es gerne, aber ich achte auf nichts. Ich habe Dich lieb und ganz allein lieb, sorge für mein Bübchen und halte mein Hauswesen in Ordnung, und mache mich lustig. Aber sie können einen gar nicht in Ruhe lassen. Vorgestern in [der] Komödie kommt Meisel und fragt mich ohne Umstände, ob es wahr wär, daß Du heurathst, Du schafftest Dir ja schon Kutsche und Pferde an. Ich wurde den Augenblick so böse, daß ich ihm eine recht malicieuse Antwort gab, und ich bin überzeugt, der fragt mich nicht wieder. Weil [ich] aber immer daran denke, so habe ich heute Nacht davon geträumt. Das war ein schlimmer Traum, den muß ich Dir, wenn du kommst, erzählen. Ich habe dabei so geweint und laut geschrien, daß mich Ernestine aufgeweckt hat, und da war mein ganzes Kopfkissen naß. Ich bin sehr froh, daß es nur ein Traum war. Und Dein lieber Brief macht mich wieder froh und zufrieden. Es gibt recht gutes Eis, und ich will wieder Schlittschuh fahren, und morgen

> wollen mir mit auf dem Schlitten nach Kötschau fahren, ich, Ernestine, Matiegzek[9] und die Bohlin[10]. Und hernach fahren die Freunde nach Jena und wir nach Weimar. Auf die Redoute freuen mir uns sehr. Wenn Du hier wärst, wäre uns freilich noch lieber; aber da ich höre, daß es Dir mit Deinen Arbeiten gut gehet, das ist besser als Redouten-Freude, weil ich weiß, wenn es Dir mit Deiner Arbeit gut geht, Du auch recht vergnügt wiederkömmst. Und dann wollen mir sehr vergnügt zusammen sein …"[11]

Gleich schließt sich der nächste Irrtum an: Goethe, so heißt es vielerorten, habe Christiane nicht wirklich geliebt. Es sei lediglich moralische Verpflichtung für ihn gewesen, sie nicht im Stich zu lassen. Er habe sie nicht zureichend unterrichtet bzw. gebildet, auch das spräche für seine mangelnde Liebe.

Hier wäre zunächst zu fragen, welchen Liebesbegriff wir unterstellen, unseren eigenen, naturgemäß heutigen oder den damaligen, den von Goethe. Die Antwort dürfte klar sein. Goethe liebte Christiane offensichtlich sehr. Er fand ihre Natürlichkeit, die ganz im Gegensatz zu der höfischen Etikette stand, in die er oft gezwungen wurde, bezaubernd. Zu Beginn ihrer Ehe nannte er sie häufig „mein kleines Naturwesen". Er hat ihr das Gärtnern beigebracht, weil er es einerseits wichtig fand, dass der Haushalt mit eigenem frischem Gemüse und mit Kartoffeln versorgt wurde, andererseits machte es ihr große Freude, entsprach ihrem schaffenden Wesen. Er hat ihr nahegelegt, Reiten zu lernen, auch das machte ihr Freude. Ebenso liebte sie es, Schlittschuh zu fahren, Schlitten zu kutschieren und zu tanzen: Sie war bewegungsfreudig, das wusste er. Stillsitzen gefiel ihr wenig.

Goethes Verständnis von Liebe bedeutete einen respektvollen Umgang mit dem geliebten Menschen. Christiane umzumodeln, aus ihr eine zweite Frau von Stein zu machen, wäre ihm gegen den Strich gegangen. Es wäre in seinen Augen so etwas wie eine Vergewaltigung Christianes gewesen. Wenn Christiane und Goethe sich gegenseitig das Beste aus Weimar und Jena für die Tafel des anderen schickten, die schönsten Kirschen, Aprikosen, Spargel, so waren das gleichfalls Liebesbeweise. Auch der gemeinsame Sohn August wird immer wieder beschenkt. Und schließlich galt Goethes Sorge dem Putz Christianes: Lebenslang sucht er für sie schöne Garderobenartikel sorgsam aus, oft sogenannte „Judenkrämchen“, d. h. von jüdischen Händlern als Mitbringsel erstandene Modewaren, schöne Spitzen, Kleiderstoffe, modische Schals, Hüte und Schmuckstücke. All das wird in lange deliberierten Sondierungen entschieden und erworben, denn es ist ihm wichtig, dass die Frau, die er liebt, standesgemäß, modisch und geschmackvoll gekleidet ist. Und sie genießt dieses Umsorgen durch ihn, ist dankbar und glücklich.

Christiane war für Goethe der Hauptbestandteil der Gegenwelt seines Hauses am Frauenplan, die er sich gegen die steifen Zeremonielle und den intrigenhaften Umgang der Hofwelt nach 1788 errichten musste, als er beschlossen hatte, sich von vielen Aufgaben, die der Herzog ihm anfangs übertragen hatte, zu lösen und sich im Wesentlichen auf den Kultursektor zu beschränken. Und sie war auch so etwas wie die emotionale Verbindung mit seinem beseligenden Italienaufenthalt, mit dem Land, wo er am längsten ungebrochen glücklich gewesen war: unter Künstlern und einfachen Menschen, in einer sonnigen Natur, wo Speisen und Getränke, die Voraussetzungen des Lebens, eine andere Wertschätzung erfuhren und erfahren als im rauen Norden.

In späteren Jahren wird noch Christianes Gesellschafterin Caroline Ulrich, auch „Uli“, „Uline“ genannt, mit in das Konzept seiner „Frauenbeschenkung“ einbezogen.

Ein weiterer Irrtum bezieht sich auf Goethes Abwesenheiten von Weimar. Behauptet wird, sie hätten Goethes Unwillen zur Ursache, die Beziehung zu Christiane weiter aufrechtzuerhalten.

Um eine komplette Übersicht zu erhalten, wäre es wunderbar, man hätte aus allen Jahren der Beziehung die Briefe beider

4 Christiane Vulpius, Ölgemälde von Caroline Bardua, um 1810

Partner, aber leider fehlen die Briefe Christianes vom Beginn der Beziehung bis ins Jahr 1792, also auch von der Zeit der Geburt Augusts und danach, als Goethe in Venedig war und daraufhin mit dem Herzog in Schlesien. Ob Goethe diese vernichtet hat, weil er nicht wollte, dass im Nachhinein ein schlechtes Licht auf die Beziehung zu seiner Frau fiele, weil sie ja ohnehin so viel unter Neid und Ressentiment zu leiden hatte, ist reine Spekulation. Die Ehebriefe der beiden, die Hans Gerhard Gräf 1916 erstmals in Gänze ediert hat – 354 von Goethe und 247 von Christiane (viele davon von beiden auch diktiert) –, beweisen jedoch von beiden Seiten aus eine sehr starke, zunächst auch die erotische Anziehung thematisierende Liebe.[12] Mit der Zeit wich diese Liebe – das Paar hatte immerhin den sehr frühen Tod aller ihrer vier nach August geborenen Kinder[13] hinzunehmen und zu verarbeiten – einer anderen Art von Zuneigung, in der jeder der Partner versuchte, den anderen zu fördern, sowohl im Bereich des sinnlichen Wohlbefindens, wie erwähnt wurde, als auch im gesellschaftlichen, wirtschaftlichen und kommunikativen Bereich – dies sind die Bereiche, die eher Goethe zu Gunsten Christianes vorantrieb.

Ausdrücklich lobte Goethe die, wie die Verwandte Henriette Schlosser kolportiert, freundliche und noble Weise, mit der Christiane in seinem Auftrag nach dem Tod der Mutter Catharina Elisabeth Goethe 1808 die Erbschaftsteilung moderierte.

Goethe konnte auf vieles an Christiane stolz sein. Dass ihr Äußeres als gewöhnlich empfunden wurde, insbesondere die im Alter zunehmende Korpulenz vielfach zu gehässigen Bemerkungen seitens der Weimarer Damenwelt führte, steht auf einem anderen Blatt. Unverständnis fast bis zum Schluss begleitete die Liebe dieses Paars. Insbesondere die Eheschließung am 19. Oktober 1806, die Goethe extra nach der Schlacht von Jena und Auerstedt und den Plünderungen und dem Chaos, unter denen Weimar lange litt, durchführte, um kein Aufsehen zu erregen, erregte eben dieses doch, wie überhaupt Goethes Leben schon damals immer dem Urteil und dem Neid seiner Mitbürger unterworfen war.

Die Liebe des Paars wurde im Laufe der Zeit reifer. Christiane erhielt, je länger die Ehe dauerte, immer verantwortungsvollere Aufgaben, denen sie jetzt auch gewachsen war. Zu Beginn war sie nicht nur von Goethe „Kind“ genannt worden – und war wahrscheinlich noch eines. Doch mit dieser Ehe emanzipierte sie sich, wurde erwachsen. Goethe hielt sie, es ist wahr, immer zur fleißi-

5 *Christiane Vulpius mit ihrem Sohn August, Aquarell von Johann Heinrich Meyer, 1792*

gen Hausarbeit an und freute sich, in saubere, ordentliche Räume zurückzukommen. Christiane redete Goethe zu Anfang meist mit „Lieber Schatz“ an, später mit „Lieber Geheimerat“.

Sigrid Damm führt aus, Christiane sei oft sehr überfordert gewesen durch ihr großes Hauswesen in Weimar und zudem die Organisation der Lebenshaltung Goethes in Jena. Derartiges ist den Briefen nicht zu entnehmen, eher Stolz darüber, auch herausfordernde Aufgaben sehr gut zu bewältigen, die anschließende Freude über Goethes Lob, denn er würdigte ihr Tun immer.

Sie empfing etwa auch allein Gäste – beispielsweise versuchte sie zunächst, die traditionelle Freitagsgesellschaft auch in Goethes Abwesenheit aufrechtzuerhalten. Hierzu der sehr pragmatische Brief Christianes vom 5. März 1796:

> „… den ersten Freitag waren sie beinahe alle da, den 2. nur etliche, und gestern gar kein Mensche. Ich hatte alles wie immer besorget, und das schöne Holz verbrennt, und halb 1 Uhr kam der junge Voigt und sagt erst, daß niemand käme. Ich dächte, da Du noch eine Woche drüben bleibst, so sagtest Du es durch den Geheimen Rath Voigt auf, denn es ist nunmehro so Ostern, und es bleibt so lange Tag, man verbrennt das Holz, gibt das Geld aus, und es kommt kein Mensch. Laß mir bis Mittewoch Deine Gesinnung wissen."[14]

Selbst mit Schiller, der sie in den 1790er Jahren nie grüßen ließ, entwickelte sie schließlich in Bad Lauchstädt eine entspanntere Beziehung – dort fuhr sie mit ihm Kahn und machte Ausflüge. Sogar mit Frau von Stein war eine Annäherung schließlich möglich. Ab 1810 verkehrte Christiane dann auch bei Hofe.

Insofern hatte sie wirklich sehr viel dazugelernt und war keineswegs die „von Goethesche Haushälterin" geblieben. Goethe hatte ihre Entwicklung nach Kräften gefördert. Beispielhaft ist der Tag nach der Trauung zu nennen, als er seine Frau mit zu Johanna Schopenhauer nahm, die ihr selbstverständlich ihr Haus öffnete. Dieser Handlungsweise schlossen sich zahlreiche Weimarer Damen an, und Christiane revanchierte sich mit eigenen Teegesellschaften in den schönen Räumen des Frauenplan-Hauses.

Von der Ausgrenzung der „wilden Ehe" bis zu dem Ergebnis, dass man sie als Frau Geheimrat und dann sogar als Frau Staatsminister ansprach, war es ein weiter Weg gewesen. Christiane hatte viel an Anpassung geleistet, war sich selbst aber immer treu geblieben: fröhlich, mitleidig, großzügig und anpackend. Zahlreiche

6 Christiane und August im Hausgarten am Frauenplan, nach einer Zeichnung Goethes aus dem Jahr 1793, radiert von C. W. Lieber, ohne Jahr

Menschen in Weimar sprachen nun bei ihr vor, um eine Empfehlung Goethes über ihre Fürsprache zu erhalten. Nicht immer zeigten sie sich dankbar. Dennoch war es eine seltsame Umkehrung der ursprünglichen Situation, als Christiane bei Goethe für ihren Bruder Hilfe erbeten hatte.

Der äußeren Anerkennung entsprach auch eine innere Entwicklung bei ihr: Sie hatte nach einigen Jahren verstanden, dass die Umtriebe in dem großen Haus, der Geräuschpegel und die vielen Personen im Haushalt Goethes Konzentration auf die geistige Arbeit abträglich war, dass er diese aber zum Überleben brauchte, dass er selbst jedoch keine Möglichkeit sah, die Situation im Haus am Frauenplan zu ändern. Dort wollte er gelegentlich repräsentieren, Gäste zu sich bitten, seine Sammlungen betreuen und ausbauen, wohlgemerkt: gelegentlich. Insofern wurde das Haus am

Frauenplan eigentlich mehr und mehr Christianes „Burg“ und die ihrer Entourage inklusive August, jedenfalls solange er ein Kind war. Goethe residierte dort selten mehr als zwei bis vier Wochen am Stück. Dann betrieb er seine Weimarer Pflichten, die Theaterleitung, den Schlossumbau, die Bibliothekstätigkeit, beschäftigte sich mit den Sammlungen, den Gästen und sehr intensiv mit Christiane und August.

Das Besondere der Beziehung zwischen Goethe und Christiane war daher, dass sie sich nicht durch Gewöhnung abnutzte. Sie blieb für beide immer etwas Besonderes, das man genoss, weil es durch das andere, nämlich die Arbeit, die jeder, so gut er konnte, erledigte, „verdient“ war. Es war, wenn man so will, eine Ferienbeziehung. Gemeinsame Freuden und Gespräche über gemeinsame Anliegen, wirtschaftliche, gesellige und das Theater betreffend, ergänzten die Gefühlsdiskurse der Partner.

Jena war der Arbeitsort Goethes, hinzu traten ab 1801, als Goethe erstmalig gefährlich erkrankt war, seine regelmäßigen Badereisen, zuerst nach Pyrmont, dann in die böhmischen Bäder. Christiane hingegen weilte ab 1802, als das von Goethe als Sommerspielort der Weimarer Truppe geplante Theater errichtet worden war, regelmäßig für mehrere Wochen in Bad Lauchstädt. Der lustige Charakter des Lebens dort behagte ihr sehr, während Goethe bei seinen wenigen Besuchen, etwa 1805, eher das Gefühl hatte, man schlage dort lediglich die Zeit tot. Aber auch hier war er, ohne zu urteilen, verständnisvoll Christianes Bedürfnissen gegenüber, selbst hinsichtlich ihrer Ausgaben, ihrer Vergnügungs- und Gefallsucht. 1811 und 1812 erfolgten zwei Aufenthalte des Paars in Karlsbad, als Christianes Gesundheit leicht angeschlagen war, 1814 verbrachten Goethe und Christiane sechs Wochen gemeinsam in Bad Berka bei Weimar, und 1815 war Christiane mit ihrer Gesellschafterin Frau Kirsch ein letztes Mal (ohne Goethe) in Karlsbad.

Ein weiterer Irrtum bezieht sich auf Christianes Nichtverständnis von Literatur bzw. ihr Nichtinteresse dafür: In zwei Fällen ist

7 Goethe und Christiane in Lauchstädt. Idealisierte Darstellung um 1900. Der Standort des Gartenhauses entspricht etwa dem heutigen Grundstück Promenade 1. Postkarte, um 1915.

bezeugt, dass Goethe dezidiert Christiane einbezog, als neue Werke entstanden: So wünschte er einmal ihr Urteil und das ihrer Gesellschafterin, der jungen Caroline Ulrich. Im Brief vom 15. September 1809 schreibt Goethe aus Jena:

> „Zuerst danke ich Dir und Deiner schönen Begleiterin für den angenehmen Besuch; sodann schicke ich ein Bändchen, aber nur unter den folgenden Bedingungen:
> Daß ihr es bei verschlossenen Thüren leset.
> Daß es niemand erfährt, daß ihrs gelesen habt.
> Daß ich es künftigen Mittwoch wiedererhalte.
> Daß mir alsdann zugleich etwas geschrieben werde von dem, was unter euch beim Lesen vorgegangen.“[15]

Bei dem „Bändchen“ handelte es sich um den ersten Teil des experimentellen Romans „Die Wahlverwandtschaften“. Goethe wollte also von den Gefühlen hören, die die beiden Frauen bei der Lektüre hatten, sie waren die ersten Probeleserinnen. Er als Mann konnte nicht abschätzen, was Frauen bei der Lektüre empfanden. Es scheint die Reaktion der beiden Frauen wohl sehr günstig gewesen zu sein, denn am 22. September bedankte sich Goethe für die freundlichen Äußerungen und wollte den zweiten Teil schicken. Er stand unmittelbar vor Beendigung des Werkes.

Ein zweites Mal war Christiane als Kritikerin gefragt, als Goethe ihr über mehrere Monate vielleicht, aber doch gewiss am 30. April 1811, aus „Dichtung und Wahrheit" vorlas – auch hier sicherlich, um ihre Reaktion zu erfahren. Dies wird gestützt durch den Bericht der Frau eines mecklenburgischen Politikers, Rudolphine von Both, die in der Familie Knebel hörte, dass sich Goethe in Problemsituationen oft an Christiane gewandt habe, weil ihre natürliche Intelligenz ihm oft geholfen hätte.[16]

Das größte Interesse brachte Christiane allerdings nicht für das Lesen, sondern für den Besuch von Opern, Komödien, Tragödien und Balletten auf. Das liebte sie, pflegte Umgang mit Schauspielern, Ernestine Engels und vor allem Karoline Jagemann waren ihre Freundinnen. Sie glich die Machtkonflikte zwischen Jagemann, der Weimarer Diva und Mätresse Carl Augusts, und dem restlichen Theaterpersonal geschickt aus und wurde von Goethe eigens zu diesem Zweck immer wieder nach Lauchstädt geschickt. Die Intrigenwelt am Theater war groß, doch das machte Christiane gar nichts aus, im Gegensatz zu Goethe. Auch verfolgte sie genauestens die Einnahmenseite des Theaters und berichtete darüber an ihren Mann. Christiane blühte in Lauchstädt immer auf, denn hier war ihre Expertise gefragt. Ging sie nicht seit Jahren etwa dreimal pro Woche in Weimar ins Theater, kannte alle Stücke, alle Schauspieler, war mit deren Lebenssituation vertraut? Die Lebenswelt der expressiven Charaktere war die ihre: Die Schauspieler genossen das Leben wie sie, tanzten gern, feierten, tranken Wein und schmückten sich. Das Baden, das in Lauchstädt auch eine Rolle spielte, war nicht die Hauptsache für Goethes Frau.

8 Der neue Tanz- und Speisesaal des Kurbades um 1785. In diesem Saal konzentrierte sich das gesellschaftliche Leben in Lauchstädt zur Goethezeit.

Ein sehr repräsentativer Brief von ihr aus Lauchstädt stammt vom 24. Juli 1810 (s. S. 105–107).

Christianes Kennerschaft in Theaterdingen und ihre Funktion als Goethes „Botschafterin des Theaters“ und ausgleichende Kraft gehen sehr deutlich aus ihren Briefen hervor. Gewiss hat sich ihr Geschmacksempfinden in langen Jahren der Theaterbesuche und in Gesprächen gemeinsam mit Goethe verfeinert und äußerte sich in für ihn verwertbaren Urteilen.

Ein nächster Irrtum betrifft das Thema Reisen – wobei vielfach die Annahme besteht, dass dieses Thema ausschließlich Goethe, nicht aber Christiane betrifft.

Es klang schon an, soll nun aber noch genauer ausgeführt werden. Die zahlreichen Abwesenheiten Goethes, Arbeitsaufenthalte und andere Reisen waren für ihn wichtiges Lebenselixier, und er hat seiner Frau auch dieses Thema nahegebracht: Er hat sie zunächst mitgenommen (nach Frankfurt am Main, nach Jena, nach Leipzig), bis sie schließlich sicher genug war, eigene kleinere und größere Reisen eigenständig durchzuführen – so im Frühling 1807 zu Goethes Mutter nach Frankfurt – oder ihn an Reisezielen, wo er länger weilte, zu besuchen, zunächst in der Regel immer mit August, bis dieser erwachsen war. So war Christiane zu ihrem Lebensende eine für ihre Ausgangsposition sehr wohl in Maßen weltläufige Frau geworden, sie hatte Leipzig gesehen, Kassel samt Wilhelmshöhe, Frankfurt am Main dreimal. Sie war immer wieder in den Bädern Lauchstädt und Karlsbad gewesen, von Lauchstädt aus hat sie Halle und Merseburg besucht, Touren nach Rudolstadt zum Vogelschießen, nach Kötschau oder Jena kamen regelmäßig vor, und auch Orte an der Saale suchte sie wiederholt auf. Ihre Aktivität spiegelte sich eben auch in ihrer Lust an der Ortsveränderung. Insofern wird man ihr nicht gerecht, wenn man von ihr das Bild der statischen Hausverwalterin des Frauenplans zeichnet.

Dass Goethe sich zeitweilig ein anderes Leben für Christiane hat vorstellen können, zeigt der Erwerb des Guts in Oberroßla zwischen Jena und Weimar, das er ihr zugedacht hatte, als eigene Existenz – vielleicht in einer Zeit, da sie noch allzu klammernd ihn und seine Kreativität zu ersticken drohte. Hier war die Erfahrung der ersten Reise nach Frankfurt 1797 zu seiner Mutter wohl der Ausgangspunkt. Vorgesehen war, dass Christiane nach einigen Tagen mit August zurückreisen sollte, Goethe hingegen zunächst in die Schweiz und dann weiter nach Italien ziehen würde, wie 1786. Eine Wiederauffrischung und erneute Verjüngungskur erhoffte er sich. Sie aber klagte heftig, versuchte ihn angstvoll abzuhalten – und erreichte wirklich, dass Goethe die Reise in der Schweiz abbrach und zurückkehrte. Sicherlich tat er es nur ihr zuliebe, wie er es auch bekundete, doch blieb ein Bodensatz von Bitternis gewiss zurück: Ein Mann von fast 50 Jahren war er nun – eine weitere Möglichkeit, das Land seiner Sehnsucht zu erreichen, war nach menschlichem Ermessen angesichts der damaligen Lebenserwartung und der beschwerlichen Reisebedingungen nicht mehr in Sicht. War Oberroßla also als ein Ort für Christiane vorgesehen, an dem sie sich un-

9 Christiane Vulpius, Aquarell von Johann Friedrich August Tischbein, vermutlich nach 1810

abhängig von ihm selbst verwirklichen, eine eigenständige Existenz begründen könnte? Doch wirtschaftlich erwies sich das Gut nicht rentabel, die Pächter wenig vertrauenswürdig und effektiv. Insofern war es ein Zwischenspiel, das 1803 aufhörte.

Nun kommen wir zu einem hartnäckig immer repetierten weiteren Irrtum, das angebliche Doppelporträt von Friedrich Bury betreffend.

Seit dem Beginn des 20. Jahrhunderts wurde darauf hingewiesen, dass es sich bei der seit 1885 als Porträt Christianes ausgewiesenen Kreidezeichnung von Friedrich Bury – die vom Maler als Pendant zu seiner im selben Format und derselben Technik ausgeführten Goethezeichnung geschaffen worden sein soll – eigentlich um eine Darstellung der Weimarer Schauspielerin Friederike Voss handelt. Spätestens seit dem Aufsatz von Ulrike Müller-Harang von 2007[17] hätte diese Erkenntnis in das allgemeine Bewusstsein dringen können, was jedoch nicht der Fall ist.

Die vorsätzliche Umdeutung geht auf die Eröffnungsphase des Goethe-Nationalmuseums in Weimar im Jahre 1886 zurück, als diese Memorialstätte durch den Direktor Carl Ruland in das Zentrum des Erwartungshorizonts der deutschen Nation gerückt wurde und er affirmativ bestätigte, dass das Nationalmuseum seiner Aufgabe auch über die dort gezeigten Gegenstände gerecht werde, damit gemeint waren u. a. Büsten und Porträts von Mitgliedern aus Goethes Familie, darunter die Eltern, die Gattin, der Sohn, die Enkel etc. Um dies im Falle Christianes, der Gattin, tatsächlich zu demonstrieren, war angesichts zwar vorhandener, aber keineswegs repräsentativer und künstlerisch gelungener Abbildungen Christianes das einzige Werk, das allenfalls in Frage kam, von ihm umgedeutet worden: Auf Grund einer einzig oberflächlich vorhandenen Ähnlichkeit (dunkles lockiges Haar, Grübchen, kleiner Abstand zwischen Nase und Mund) und trotz großer sonstiger physiognomischer Unterschiede wurde die Kreidezeichnung Friedrich Burys von Ruland als Christiane-Bildnis deklariert, und dies, obwohl alle bisherigen Verzeichnisse die Zeichnung als Bildnis der Friederike Voss auswiesen. Ein einziges Faktum unterstützte diese Neuzuordnung, und genau dieses griff auch Wolfgang Vulpius 1956 in seiner Interpretation der Ehe zwischen Goethe und Christiane auf: Das

10 Christiane Vulpius, Gipsbüste von Carl Gottlieb Weißer, 1812

identische Format der Zeichnungen von Voss und von Goethe – ganz im Sinne zeittypischer Pendantbilder von Eheleuten – galt als Nachweis für die Zuordnung.

Die Argumentation von Vulpius, es hätte auch gar keinen Grund für Goethe gegeben, Friederike Vossens Porträt in seine private Bildersammlung aufzunehmen, kann Ulrike Müller-Harang bestens entkräften, und zwar durch ihre Aufarbeitung der Quellen. Sie fand heraus, dass das Ehepaar Voss (gelegentlich auch: Vohs) bei Goethe in sehr hoher Gunst stand. Die 16-jährige Friederike Port, die bald den Schauspieler Heinrich Voss heiratete, hatte er 1793 ins Ensemble geholt. Sie wurde die erste Maria Stuart bei der Uraufführung des Schiller-Stücks in Weimar am 14. Juni 1800. In dieser Rolle trat sie auch wenig später in Lauchstädt, nämlich am 3. Juli, im Vorgängerbau des Gentz-Theaters auf, das durch den Weimarer Theaterleiter Joseph Bellomo errichtet worden war. Sie spielte die Thekla, die Iphigenie, als Turandot galt sie als Idealbesetzung. Zu Neujahr 1800, also kurz bevor am 16. März die Zeichnung entstand, bekam sie als einzige Person in Weimar von Goethe eine Torte geschenkt.[18] Über einen Ankauf des Bildes durch Goethe gibt es keine Unterlagen, obwohl solche aus der Zeit durch den Hausherrn sehr gewissenhaft geführt wurden. So muss man entweder an ein Geschenk des Malers oder der Schauspielerin selbst an Goethe denken. Lebenslang hat er es jedenfalls in seiner Sammlung aufbewahrt.

Im gesamten 20. Jahrhundert fragte man sich im Goethe-Nationalmuseum, ob die Dargestellte Christiane war oder nicht – es stand daher ein Fragezeichen hinter der Legendenbeschriftung („Christiane?"). Zuweilen war Friederike Voss noch als Alternative angegeben worden. Diese Alternative und das Fragezeichen wurden 1996 eliminiert. So mussten endlich die Quellen eine eindeutige Sprache sprechen, um den Irrtum bzw. die Umdeutung aufzuklären.

Auch um die Krankheiten und den Tod Christianes kursieren, wie sollte es bei diesem vielfach entstellten biographischen Weg von Goethes Lebenspartnerin anders sein, diverse Irrtümer. Dank des Aufsatzes des Jenaer Neurologen Roland Schiffter[19] kann man die wenig haltbaren Spekulationen zur Todesursache Christianes und das Bild von der jahrelang schwer kranken Frau auch geraderücken. Zu Beginn soll eine allgemeine Mentalität des ausgehenden 18. und beginnenden 19. Jahrhunderts aufgezeigt werden.

Die Medizin machte rasante Fortschritte. Alle Menschen waren an diesen Fortschritten interessiert und beobachteten sich selbst, ihre Verdauung, ihr Wohlbefinden sehr gründlich. In den Briefen der damaligen Zeitgenossen spielten derartige Themen eine große Rolle und wurden kleine Befindlichkeitsstörungen oft dramatisiert. Das bedeutendste Beispiel für wirkliche Krankheit ist natürlich Friedrich Schiller, der hingegen fast zurückhaltend mit sehr ernsten Symptomen umging, war er doch ausgebildeter Arzt.

11 Friederike Voss, fälschlich teilweise bis heute für ein Bildnis von Christiane Vulpius gehalten, Kreidezeichnung von Friedrich Bury, 1800

Christiane Vulpius hatte eine kräftige Natur, leistete körperlich lebenslang viel und hätte das, wäre sie tatsächlich an einer, wie oft behauptet wird, Urämie (Nierenversagen) erkrankt gewesen, nie bis fast zum Lebensende gekonnt. Noch drei Wochen vor ihrem Tod hat sie wohl einen großen Hausputz durchgeführt, um Goethe, wie es ihr Wunsch war, gebührend zu empfangen. Außerdem besuchte sie die Komödie, und drei Tage später, als ihr der Sekretär Kräuter wieder zur Verfügung stand, diktierte sie ihm die diesem Essay vorangestellten Zeilen über die Schönheit des Gartens, diesmal in Gänze zitiert:

„Dein Garten steht gegenwärtig in seiner größten Pracht, und es macht wirklich verdrüßlich, daß die üble Witterung so wenig im Freien zu sein erlaubt. Die Äpfelbäume blühen in höchster Fülle, es steht Blüthe an Blüthe, die Rabatten vor Deinen Fenstern schmücken die schönsten gefüllten Tulipanen, deren schöne Farben die stolzen Kaiserkronen verdunkeln, und trotz der geringen Wärme und den kühlen Nächten reift doch alles der Vollkommenheit entgegen. Möge Dich die schöne Blüthe in Jena für diese Entbehrung reichlichst entschädigen."[20]

Richtig ist, dass Christiane bis 1815 unter keinerlei identifizierbaren Krankheiten litt, die Badereisen gingen auf ärztliche Empfehlungen vonstatten – solche absolvierte man damals eben als wohl situierter Mensch in mittleren Jahren. Einzig eine Depression in ihrer letzten Schwangerschaft 1802 ist auszumachen – und wer wollte diese in ihrer Plausibilität in Abrede stellen, nachdem bereits drei Kinder verstorben waren? (Sicherlich ist die Rhesus-Blutgruppen-Unverträglichkeit der Eltern für den Tod aller Kinder nach dem ersten verantwortlich.) Aber auch diese Phase währte nur kurz, Christiane vermochte sich in Bad Lauchstädt abzulenken.

Erst im Jahr 1814 erlitt sie im Sommer einen bedrohlichen Anfall, den Goethes Sekretär Friedrich Wilhelm Riemer als gefährlich notierte, während Christiane ihrem Mann nur von der Empfehlung einer neuen Badekur in Bad Berka schreibt.

Es scheint sich hier um den ersten epileptischen Anfall Christianes gehandelt zu haben, der für alle Zeugen wesentlich schwerwiegender wirkte als für die Betroffene selbst, die einen Bewusstseinsverlust erlitt. Der Beginn des Anfalls wurde durch einen gellenden Schrei markiert, es folgten schreckliche Zuckungen am ganzen Körper, der Zungenbiss produzierte dann blutigen Schleim und Schaum vor dem Mund, das Gesicht verfärbte sich blau. Man befürchtete das Schlimmste. Doch nach wenigen Minuten war alles wieder vorbei, fiel die Patientin in einen oft Stunden andauernden Tiefschlaf.

12 Das als „Christels Gartenhaus" bezeichnete Sommerhaus befand sich im Garten des heutigen Vulpius-Cafés, Promenade 1. Im Vorderhaus war ein Souvenirgeschäft ansässig, welches als „Goethe-Kaufhaus" firmierte und einen eigenen Verlag für lauchstädttypische Goethe-Devotionalien betrieb. Das Gartenhaus war museal eingerichtet und sollte insbesondere auf die Verbindung Lauchstädts zu Weimar verweisen. Postkarte, um 1915.

Vielleicht war ein Stirnhirntumor der Ausgangspunkt für die sich ab 1815 häufenden epileptischen Anfälle Christianes, die am 9. Januar 1815 „war ich sehr krank" in ihren Schreibkalender eintrug. Bei solchen Tumoren gibt es eine gewisse Häufigkeitszunahme ab dem 50. Lebensjahr, und sie wachsen meist langsam. Sie verursachen in der Regel keine Schmerzen oder Lähmungen. Die Diagnose „Schlag" von Riemer, aus der Sigrid Damm dann „Schlaganfall" machte, trifft es nicht, beim Schlaganfall ist man zumeist nicht bewusstlos. Und vor allem wäre nach dem Schlaganfall nicht wieder scheinbar alles gut gewesen wie bei Christiane, sondern es wären Lähmungserscheinungen aufgetreten. Solche gab es nicht bei Christiane. Sie war zunächst wieder die Alte. Im Februar muss der nächste Anfall erfolgt sein.

Das Jahr 1816 begann und setzte sich fort mit zahlreichen Unpässlichkeiten Christianes, auch Zahnweh, aber erst am 19. Mai

13 Grab Christianes von Goethe auf dem Jakobsfriedhof in Weimar, 2011

erfolgte ein neuerlicher Anfall. Schon am 20. Mai stand sie wieder auf, am 29. Mai folgte der nächste Anfall, am 31. Mai bis zum 2. Juni erfolgten gehäuft Anfälle. Von Beobachtern wird jetzt der Ausdruck „die fallende Sucht" für die Anfälle gebraucht, dies meinte damals die Epilepsie. Der schlechte Zustand dauerte nun an, Goethe selbst war fieberkrank.

Am 6. Juni starb Christiane nach unzähligen sie quälenden Anfällen, aber alle in Bewusstlosigkeit. Sie selbst hatte ihr Leiden nicht wahrnehmen können. Der Anblick von Epileptikern während eines Anfalls ist selbst für Ärzte oft genug verstörend, wie dann nicht für die Bediensteten, wie dann nicht für Goethe?

Ihm mangelnde Anteilnahme vorzuwerfen, trifft nicht den Kern. Wie immer war es zu große Anteilnahme und eigene Krankheit, die ihn hinderte, sich sorgend um Christiane zu bemühen. Er schrieb zu ihrem Andenken noch am Todestag:

„Du versuchst, o Sonne, vergebens,
Durch die düstren Wolken zu scheinen!
Der ganze Gewinn meines Lebens
Ist, ihren Verlust zu beweinen.“

Diese Verse zieren bis heute den Grabstein Christiane von Goethes auf dem Weimarer Jakobsfriedhof.

ANMERKUNGEN

1 Sigrid Damm: Christiane und Goethe: Eine Recherche, Frankfurt am Main 2010, S. 35–40, 64 ff.

2 Wolfgang Vulpius: Christiane: Lebenskunst und Menschlichkeit in Goethes Ehe, Weimar 1949.

3 Ehemals Thüringer Hauptstaatsarchiv Weimar, B 33217.

4 Vgl. Damm, Christiane und Goethe (wie Anm. 1), S. 65.

5 Vgl. ebd., S. 96.

6 Hans Gerhard Gräf (Hg.): Goethes Ehe in Briefen. Der Briefwechsel zwischen Goethe und Christiane Vulpius 1792–1816, Frankfurt am Main 1994, S. 128.

7 Ebd., S. 25.

8 Johann Wolfgang Goethe: Vier Jahreszeiten, Sommer (26), Berliner Ausgabe. Poetische Werke, 16 Bde., Berlin 1960 ff., Bd. 1, S. 253–255.

9 Franziska Maximiliane Matiegzeck (Maticzeck) (gest. 1823) war eine zu dieser Zeit unverheiratete Schauspielerin, die zwischen 1794 und 1801 in Weimar engagiert war.

10 Johanna Susanne Bohl (1738–1806), Ehefrau des Bürgermeisters von Lobeda (heute Ortsteil von Jena) und Gelegenheitsdichterin.

11 Christiane Vulpius an Goethe, Brief 212, zit. nach Gräf, Goethes Ehe in Briefen (wie Anm. 6), S. 268 f.

12 Vgl. Hans Gerhard Gräf (Hg.): Goethes Briefwechsel mit seiner Frau, 2 Bde. (Bd. 1: 1792–1806, Bd. 2: 1807–1816), Frankfurt am Main 1916.

13 Auf August (25.12.1789–27.10.1830) folgte am 14. Oktober 1791 ein tot geborener Junge, dann am 21. November 1793 Caroline, die am 4. Dezember d.J. starb, am 30. Oktober 1795 wurde Karl geboren, der am 28. November d.J. starb, und das letzte Kind war Kathinka, die am 16. Dezember 1802 geboren wurde und bereits drei Tage später am 19. Dezember starb.

14 Christiane Vulpius an Goethe, Brief 76, zit. nach Gräf, Goethes Ehe in Briefen (wie Anm. 6), S. 124.

15 Goethe an Christiane Vulpius, Brief 462, zit. nach ebd., S. 593 f.

16 Vgl. Goethes Gespräche. Eine Sammlung zeitgenössischer Berichte aus seinem Umgang aufgrund der Ausgabe und des Nachlasses von Flodoard Freiherrn von Biedermann ergänzt und herausgegeben von Wolfgang Herwig, 5 Bde., Zürich/München 1965–1987, hier Bd. 3/1: 1817–1825, München/Zürich 1971, S. 200.

17 Siehe Ulrike Müller-Harang: Das Bildnis der Friederike Voß und seine Umdeutung zu Christiane Vulpius, in: Hellmut Th. Seemann (Hg.): Anna Amalia, Carl August und das Ereignis Weimar. Jahrbuch der Klassik Stiftung Weimar 2007, Göttingen, S. 326–333. Online: www.klassik-stiftung.

de/uploads/tx_lombkswdigitaldocs/Jahrbuch_2007_Mueller_Harang.pdf (18.04.2017).

18 Ebd., S. 329.

19 Roland Schiffter: Lebenslust, Krankheit und Tod der Christiane von Goethe, in: Die Pforte. Veröffentlichungen des Freundeskreises Goethe-Nationalmuseum e.V., Heft 9, Weimar 2008, S. 217–268.

20 Christiane Vulpius an Goethe, Brief 600, zit. nach Gräf, Goethes Ehe in Briefen (wie Anm. 6), S. 857.

2

DIE BRIEFE ZWISCHEN GOETHE UND CHRISTIANE – EINE AUSWAHL

Im vorstehenden Essay wurde immer wieder die verdienstvolle zweibändige Ausgabe aller erhaltenen Briefe zwischen Goethe und Christiane unter dem Titel „Goethes Briefwechsel mit seiner Frau" durch Hans Gerhard Gräf aus dem Jahr 1916 (Verlag Rütten & Loening) erwähnt, die 1921 in stark gekürzter Form unter dem Titel „Goethes Ehe in Briefen" im selben Verlag erschien. Es folgten diverse Nach- und Lizenzauflagen, bis 1989 im Insel Verlag Frankfurt am Main eine erste Neuauflage in der Reihe „insel taschenbuch" (2 Bände im Schuber) stattfand, die auf der vollständigen Neuausgabe von 1937 beruht, der 1994 eine Einzelausgabe mit immerhin 1.048 Seiten folgte. Aus dieser wurde in diesem Bändchen zitiert. Dieses Taschenbuch wurde mehrfach aufgelegt, ist aber mittlerweile leider auch nicht mehr im Handel greifbar. Inzwischen bietet der Paderborner Salzwasser Verlag den Nachdruck der Ausgabe von 1921 als Book-on-Demand an.

Es ist sinnvoll, den Essay an dieser Stelle durch Briefe oder Teile von Briefen zu ergänzen, die die Themen aufgreifen, die der Essay beleuchtet: Das Verhältnis des Paars zueinander insgesamt, die Vergnügungen Christianes, die Lust Goethes, ihr Geschenke zu machen, die Sorge um das gemeinsame Kind, Reisen, das Theater, das Schreiben Goethes, die Haushaltsführung Christianes, schließlich der Umgang mit Krankheit.

Wo es möglich war, wurde versucht, das Dialogische eines Briefwechsels, Fragen und Antworten, beizubehalten. Anmerkungen wurden gemacht, insofern sie zum Verständnis notwendig erscheinen. Die Zählung der Briefe nach der Gräfschen Ausgabe wurde übernommen.

Ein Wort zur Orthographie: Diese spiegelt die tatsächliche Schreibweise der Briefpartner wider, in Fällen, in denen Christiane ein Wort völlig verballhornt, wurde die anzunehmende Bedeutung dahinter in eckiger Klammer ergänzt. Weitere Hinzufügungen durch Gräf oder die Autorin sind ebenfalls durch eckige Klammern kenntlich gemacht.

Die ersten erhaltenen Briefe zwischen Goethe und Christiane stammen aus dem Jahr 1792, als der Dichter und Staatsbeamte Herzog Carl August auf dem Feldzug nach Frankreich begleitete. In seiner Abwesenheit unterstützte Heinrich Meyer Christiane bei der Leitung der damals anstehenden Umbauten des Hauses am Frauenplan. Der gemeinsame Sohn August war zu dieser Zeit noch ein Kleinkind.

Es ergibt sich in dieser Form der Darbietung ein lebendiges Bild der Beziehung zwischen Goethe und Christiane. Sie kann als eine vollwertige Partnerin des Dichters gesehen werden und hat sich gerade hinsichtlich des Theaterwesens in Weimar und speziell in Lauchstädt unschätzbare Meriten erworben.

4. Goethe

Trier, den [25.] August 1792

Wo das Trier in der Welt liegt, kannst Du weder wissen, noch Dir vorstellen, das schlimmste ist, daß es weit von Weimar liegt, und daß ich weit von Dir entfernt bin. Es geht mir ganz gut. Ich habe meine Mutter, meine alten Freunde wiedergesehen, bin durch schöne Gegenden gereist, aber auch durch sehr garstige, und habe böse Wege und starke Donnerwetter ausgestanden. […] Du kannst um mich ganz unbesorgt sein. Ich hoffe bald meinen Rückweg anzutreten. Mein einziger Wunsch ist, Dich und den Kleinen wiederzusehen, man weiß gar nicht, was man hat, wenn man zusammen ist. Ich vermisse Dich sehr und liebe Dich von Herzen. Das Judenkrämchen[1] ist wohl angekommen und hat Dir Freude gemacht. Wenn ich wiederkomme, bringe ich Dir noch manches mit, ich wünsche, recht bald. Lebe wohl. Grüße Meyern und sei mir ein rechter Hausschatz.

Adieu, lieber Engel, ich bin ganz Dein. G.

8. Goethe

No. 1

Ich habe Dir schon viele Briefchen geschrieben und weiß nicht, wenn sie nach und nach bei Dir ankommen werden. Ich habe versäumt, die Blätter zu nummeriren, und fange jetzt damit an. Du erfährst wieder, daß ich mich wohl befinde, Du weißt, daß ich dich herzlich lieb habe. Wärst Du nur jetzt bei mir! Es sind überall große breite Betten, und Du solltest dich nicht beklagen, wie es manchmal zu Hause geschieht. Ach! mein Liebchen! Es ist nichts besser als beisammen zu sein. Wir wollen es uns immer sagen, wenn wir uns wieder haben. Denke nur! Wir sind so nah an Champagne und finden kein gut Glas Wein. Auf dem Frauenplan solls besser werden, wenn nur erst mein Liebchen Küche und Keller besorgt.

Sei ja ein guter Hausschatz und bereite mir eine hübsche Wohnung. Sorge für das Bübchen und behalte mich lieb.

Behalte mich ja lieb! Denn ich bin manchmal in Gedanken eifersüchtig und stelle mir vor: daß Dir ein andrer besser gefallen könnte, weil ich viele Männer hübscher und angenehmer finde als mich selbst. Das mußt Du aber nicht sehen, sondern Du mußt mich für den besten halten, weil ich Dich ganz entsetzlich lieb habe und mir außer Dir nichts gefällt. Ich träume oft von Dir, allerlei confuses Zeug, doch immer, daß wir uns lieb haben. Und dabei mag es

---

1 Bezeichnung Goethes für Garderobenartikel generell, die er gern auf Reisen für Christiane erwirbt. Damals wurden diese Waren oft von jüdischen Händlern vertrieben.

bleiben. Bei meiner Mutter hab ich zwei Unterbetten und Küssen [Kissen] von Federn bestellt und noch allerlei gute Sachen. Mache nur, daß unser Häuschen recht ordentlich wird, für das Andre soll schon gesorgt werden. [...] Solang ich Dein Herz nicht hatte, was half mir das Übrige, jetzt da ichs habe, möcht ichs gern behalten. Dafür bin ich auch Dein. Küsse das Kind, grüße Meyern und liebe mich.

Im Lager bei Verdun, den 10. September 1792. G.

Über Luxemburg, Trier, Koblenz, Düsseldorf und Münster, wo er eine Woche im Kreise der Fürstin Amalie von Gallitzin verweilte, kehrte Goethe nach vier Monaten Abwesenheit am 16. oder 17. Dezember zurück nach Weimar. Heinrich Meyer, den Goethe aus Rom mitgebracht hatte, lebte mit im inzwischen bewohnbaren Haus am Frauenplan. Goethe verfasste daraufhin den „Reineke Fuchs" sehr rasch, musste aber Mitte Mai 1793 erneut dem Herzog nach Mainz folgen, das von den preußisch-österreichischen Koalitionstruppen belagert wurde. Sohn August war an den Blattern erkrankt und sollte in Jena von dem Arzt Stark behandelt werden.

13. Christiane

Jena, den 13. Mai [1793]

Lieber, ich wünsche Dir, daß Du glücklich angekommen bist, mit den August geht es sehr gut. Der Herr Hof-Rath hat gesagt, daß mir den 17. Mai wieder nach Weimar zurückkehren könnten. Du wirst Dich sehr freuen, wenn Du wieder zurückkömmst und ihn gar nicht von Blattern verändert siehst, er hat nicht viel und sie schwären nicht tief und er ist auch recht wohl. [...] Es ist sehr gut, daß Du mich nicht in Weimar gelassen, ich sehe hier immer viel Neues, aber ich wünsche mir nur immer, daß ich das alles mit Dir sehen könnte, und wir könnten so ein paar Schlandens Stüngen[2] halten,

---

2 Christianes Umschreibung für intime Zusammentreffen, Goethe nennt sie im privaten Dialog „Schlender- und Hätschelstündchen".

da wär ich recht glücklich. Ich will aber recht artig sein und mir immer denken, daß die schönen Stunden auch wiederkommen, und wir wollen sie recht genießen. […] Sobald ich wieder in Weimar bin, schreibe ich. Behalt mich lieb und denke an mich.

Leb wohl, Du Süßer. Deine Dich ewig liebende Christel.

[*Beilage:* August]
Lieber Vater, ich bin wieder bald gesund, schicke mir was.

15. Christiane

Weimar, den [24. (?) Mai 1793]
Mein Lieber, Du erhältst nun schon den 2. Brief von mir, und ich habe noch keine von Dir, das betrübt mich; übermorgen ist es doch schon 14 Tagen, daß du weg bist. Aber freuen wirst Du Dich, wenn ich Dir sage, daß ich heute vor 8 Tagen gesund und wohl mit dem Kleinen zurückgekommen bin. Er ist recht wohl. […] nur Du fehlst mir, alsdenn wär ich sehr glücklich. Aber meine Schwester kam mir mit der schönen Nachricht entgegen, daß Du bald wiederkämst, da will ich auch recht ruhig sein. […] Ich bin recht wohl mit der Krabskrälligkeit.[3] Und nun noch eine Bitte an Dich. In Jena und in Weimar habe ich eine große Bequemlichkeit zu den Pfuiteufelchen[4] gesehen. Das sind so weiße Saloppen[5] von klaren weißen Zeuge ohne Streifen, ganz glatt; sie werden es in Frankfurt schon wissen. Wenn Du mir so was schicken wolltest, aber bald, sei aber ja nicht böse, daß ich Dich schon wieder plage.

Leb recht wohl und behalte mich recht lieb, ich liebe Dich unaussprechlich. Gehe ja nicht in Krieg und denke an mich. Atgie [Adieu], mein Bester.

[…]

---

3 Intime Umschreibung des Paars für Schwangerschaften Christianes.

4 Eine weitere Umschreibung des Paars für die Schwangerschaft Christianes.

5 Weite ärmellose Oberkleider für Damen, ein Mittelding zwischen Umschlagtuch und Mantel, oft mit Kapuze oder auch wattierten Krägen.

18. Christiane

Weimar, den 7. Juni [1793]

Lieber, ich habe das schöne Tuch und alles erhalten und mich herzlich gefreut, aber der Gruß von der lieben Mutter ging mir über alles, ich habe vor Freuden darüber geweint. Ich habe was ohne Dein Wissen gethan, ich habe an die liebe Mutter geschrieben und mich bei ihr bedankt, mein Herz ließ mir es nicht anders zu, ich mußte schreiben, Du wirst doch nicht böse darüber? Der Brief wird nun freilich nicht recht[6] sein, aber bitte die liebe Mutter, daß sie nicht böse auf mich wird, und sage ihr, daß ich es nicht besser kann. Ach, Lieber, wenn Du nur hier wärst und sähest, wie ich mich über das alles freue, aber am meisten freu ich mich, daß die liebe Mutter nicht böse auf mich ist, das macht mich sehr glücklich, denn das hat mich noch mannichmal betrübt.[7] Im Stillen habe ich darüber nachgedacht. [...] Ich und der Kleine, mir sind gesund, nur weiter fehlt mir nichts, als daß ich mit dem einen Fuß nicht recht fort kann und er ist sehr schmerzlich und dicke, ich habe mit [dem] Doctor gesprochen, der hat mir aber versichert, es thue nichts, es vergehe auch wieder. [...] Bald hätte ich Dir vergessen zu schreiben, daß der Kleine sich sehr freut über sein *abc*Buch und will das *abc* lernen, er sagt: „Daß ich auch was kann, wenn der liebe Vater wiederkömmt." Aber Du sollst ihm ja einen Säbel und eine Flinte mitbringen. Leb wohl und gehe nicht in Gefahr und denke an uns und behalte mich lieb, ich liebe Dich über alles. Leb wohl, Du Liebster. V.

21. Goethe

Du hast recht wohl gethan, an meine Mutter zu schreiben, sie wird es ja wohl lesen können. Sie ist Dir recht gut, denn ich habe ihr erzählt, wie Du so brav bist und mich so glücklich machst.

---

6 Im Sinne von „richtig" in der Rechtschreibung.

7 Hier geht es nicht mehr um das richtige Schreiben, sondern wahrscheinlich um die Billigung der Beziehung zwischen Goethe und Christiane durch dessen Mutter.

Ich wünsche, daß Dein Übel am Fuße bald vergehen möge, es ist mir recht betrübt zu wissen, daß du leidest.

Küsse den Kleinen und halte ihn wohl, ich freue mich euch wiederzusehen.

Schreibe mir auch etwas von den Gärten, ich höre gern, daß im Hause die Arbeit hintereinander weg geht.

Wir haben hier ein unruhiges Leben und doch herzlich langweilig mitunter. Lebe wohl, ich habe Dich über alles lieb.

[Lager bei Marienborn,] den 14. Juni 1793.

24. Christiane

[Weimar, Ende Juni 1793.]

Die Frau Räthin hat mir einen recht lieben Brief geschrieben. Der hat mir einen rechten vergnügten Tag gemacht. Sei nur so gut und entschuldige mich wegen meinem Schreiben. Sie hat sich bei mir nach dem Kleinen erkundigt, und da habe ich ihr wieder geantwortet, ich wünsche mir nur, sie noch einmal in meinem Leben zu [sehen] und zu sprechen. Sie muß eine recht gute Frau sein. […] Nun wollte ich Dir nur sagen, daß Du mich hübsch lieb behältst und mannichmal an mich denkest, mir kömmst du nicht aus den Gedanken. Ich bin immer betrübt, ich habe es Dir nicht schreiben wollen, aber seit Du weg bist, kann ich mich über nichts recht freuen. […]

25. Goethe

Marienborn, den 3. Juli 1793

Du bist ein recht liebes Kind, daß Du mir so viel schreibst, dagegen sollst du auch wieder gleich von mir einen Brief haben. […] Wenn wir nur nicht das traurige Schauspiel ansehen müßten, daß alle Nacht die Stadt [Mainz] bombardiert wird und nun so nach und nach vor unsern Augen verbrennt. Die Kirchen, die Thürme, die ganzen Gassen und Quartiere eins nach dem andern im Feuer aufgeht. Wenn ich Dir einmal davon erzähle, wirst Du kaum glauben, daß so etwas geschehen könne. […] Behalte mich ja lieb, wie ich dich. Meine Mutter […] denkt gar gut gegen Dich […] Nimm dich auch hübsch in Acht, daß Du Dir und dem Ankommenden nicht schadest, küsse den Kleinen und behalte mich recht lieb. G.

Ende August kehrte Goethe 1793 nach Weimar zurück und blieb bis zum Jahresende dort, von kürzeren Jena-Aufenthalten abgesehen. Die Geburt des kleinen Mädchens am 22. November und sein Tod am 4. Dezember trübten die Stimmung des Ehepaars, und Goethe blieb im folgenden Jahr zumeist in Weimar. 1795 war er wieder oft in Jena, so vom 29. März bis zum 2. Mai.

44. Goethe

Hiermit, mein Liebchen, schicke ich Dir fünf leere Bouteillen und sogar die Stöpsel dazu, damit Du siehst, daß ich ein gut Beispiel in der Haushaltung nachzuahmen weiß. Es freut mich, wenn ihr euch lustig gemacht habt, ich dachte schon, das Wetter hätte euch den Spaß verdorben. […] Richte Dich ein, wenn du herüberkommst, daß Du einige Tage bleiben kannst. Grüße mir das Bübchen. Ich wünsche zu hören, daß Deine Uebel[8] leidlich sind, wenn sie nicht sich bald gar entfernen. Lebe recht wohl.

Jena, den 10. April 1795

Am 14. April fuhr Christiane mit August nach Jena, sie kam am 16. oder 17. April wieder zurück.

48. Christiane

Daß Du heute oder morgen nicht kommen werdest, mein Lieber, hätte ich nicht geglaubt. Ich hatte schon alle Anstalten gemacht. Aber künftige Woche doch. Mir wird die Zeit sehr lang. Ich wollte, ich wär noch bei Dir, ohne Dich ist doch alles nichts. Der Kleine

8 Christiane hatte geschrieben, dass sie drei Tage krank gewesen sei, nun aber gebessert.

war auch ganz betrübt, als er hörte, daß Du noch nicht kämst. Er läßt Dich recht schön grüßen. Leb wohl und denke an mich und behalt mich lieb. Hier folget der Wein. Wenn Du noch ohne viel Kosten von den Pflanzen haben kannst, sie sind sehr schön. Weil Du so lange drüben bleibest, werde ich wohl etwas Seife bekommen.

Goethe kommt wieder nach Weimar zurück, geht Ende Juni erneut nach Jena und von dort aus für vier Wochen nach Karlsbad zur Badekur.

52. Goethe

Nun bin ich vierzehn Tage hier und sehne mich herzlich wieder nach Hause. Die Cur schlägt sehr gut an, obgleich das Wetter ganz abscheulich ist. Ich lebe sehr zerstreut, den ganzen Tag unter Menschen, es werden viel Äugelchen[9] gemacht, die Dir aber keinen Abbruch thun, denn man sieht erst recht, wie sehr man Ursache hat, seinen treuen Hausschatz zu lieben und zu bewahren. Alle Hoffnung auf Arbeit, und was ich hier vornehmen wollte, muß ich aufgeben und bringe meine Papiere zurück, wie ich sie mitgenommen habe. Dagegen will ich im August in Deiner Nähe desto fleißiger sein. Lebe wohl. Ich freue mich auf Dich, aufs Bübchen und auf unser Haus und Hauswesen, und damit der Brief nicht ganz leer geht, lege ich Dir etwas bei. Adieu, liebe mich. Karlsbad, den 19. Juli 1795. G.

Christiane erwartete wieder ein Kind, und Goethe war am 30. Oktober 1795 bei der Geburt in Weimar zugegen. Am 5. November reiste er nach Jena.

61. Goethe

Ich bin hier recht vergnügt und fleißig, wenn ich nur auch wüßte, daß Du und der Kleine recht wohl bist. Laß mir doch so bald als

9 Privatwort des Paars für kleine Flirts.

möglich ein Wort schreiben. Vielleicht bleibe ich bis zu Ende der Woche hier, denn im stillen Schloß läßt sichs recht gut denken und arbeiten. Abends bin ich bei Schillern, und da wird bis tief in die Nacht geschwätzt. Ich wünsche Dich recht wohl zu wissen, und daß der Kleine brav trinkt, ißt und zunimmt. Lebe recht wohl und behalte mich lieb. Jena, den 9. November 1795

G.

62. Christiane

Es thut mir leid, daß ich Dir nicht schreiben kann, daß wir beide wohl sind. Ich bin recht wohl, so daß ich außer Bette sein kann. Aber das Kleine ist seit 2 Tagen sehr matt und schläft den ganzen Tag. Und wenn es essen und trinken soll, so muß man es aufwecken. Und da ißt es auch. Der Doctor und die Lieben trösten zwar gut, aber ich läugne es nicht, ich bin sehr ängstlich dabei. Ich wollte Dir, mein Lieber, erst nichts schreiben, aber es ist doch besser, Du weißt es, und deßhalb schicke ich Dir einen bandem [Boten], daß ich auch gleich ein Wort von Dir höre und etwas getröstet werde. Dular [Durchlaucht] Herzog hat heute schon 2 mal geschicket, ob Du noch nicht zurück wärst. Der Gustel[10] läßt Dich schönstens grüßen und freut sich, Dich bald wiederzusehen. Sei so gut und schreibe mir ein Wort zu meinem Trost. Leb wohl, zu Ende der Woche erwarte ich [Dich]. Behalte mich lieb.

Weimar, den 10 N[ovember 1795.]

Goethe kehrte nach dieser Nachricht sofort nach Weimar zurück. Der kleine Sohn Karl verstarb am 16. November 1795. Erst im Januar begab sich Goethe erneut kurz nach Jena, ein zweiter Aufenthalt dauerte von Mitte Februar bis Mitte März 1796.

---

10 Kosename des Sohns August.

75. Christiane

Mein Bruder sagt mir gestern, daß er Dir schrieb, und ich sahe, daß ich einen Brief von Herrn Meyer hatte; da habe ich sie[11], was angekommen war, mitgeschicket, die wirst Du also gestern erhalten haben. Hier folget, wie ich sehe, wieder ein Brief von Marigamigen [Mariannichen][12]. Das ist eine fleißige Schreiberin, das wird am Ende noch gefährlich werden. [...] Ich und Ernestine machen itzo aus alten Kleidern Schmüßse [Chemisen][13], und gestern ist der gelbkattunene besonders gut gerathen, und ich bilde mir ein, daß er mir gut stehe. Da wurde, stelle Dir vor, vor lauter Freuden um 2 Uhr die Flasche Champagner auf Dein Wohlsein von mir, der Tante und Ernestine verzehrt, und dann ging es mit mir in die Komödie, aber von Äuglichen gab es nichts. [...] Lebe wohl und behalt mich lieb. Die vielen Briefe von dem Mariannichen machen mir doch ein bißchen Angst. Ch.V.

[Weimar,] den 2. M[ärz 1796]

77. Goethe

Da das Wetter so hübsch und leidlich ist, und ich noch einige Zeit hier verweilen werde, so wünsche ich, Dich mit dem Kleinen einmal bei mir zu sehen. Du kannst Deinen Bruder und Ernestinen mitnehmen, ihr steigt im „Bären"[14] ab, wo ich eine warme Stube bestellen werde, Du kommst zu mir herüber, und die andern können drüben zu Mittage essen. Sorge dafür, daß Du Abends den Kleinen gut einpacken kannst.

---

11 Wahrscheinlich muss es heißen „ihr", bezogen auf die Botenfrau, der Christiane die eiligen Briefe nach Jena mitgibt.

12 Marianne Meyer, spätere Frau von Eybenberg, die Goethe in Karlsbad kennengelernt hatte.

13 Chemisen sind weite Unterkleider, die im 18./19. Jahrhundert gleichzeitig auch als Nachthemden getragen wurden.

14 Der Gasthof „Schwarzer Bär" in Jena, in dem auch schon Luther abgestiegen war.

Ich habe so viel gearbeitet, daß ich es ganz satt habe und mir auch wieder einmal mit Dir und dem Kleinen was zu Gute thun möchte. Ich freue mich sehr, Dich wiederzusehen. Du mußt mir aber Geld mitbringen. Nimm nur den eingesiegelten [Schlüssel] und bringe mir das Silbergeld, das in der kleinen Schublade, linker Hand, auf meinem Schreibtische sich befindet.

Lebe wohl, ich muß dich einmal wieder an mein Herz drücken und Dir sagen, daß ich Dich recht lieb habe.

Jena, den 7. März 1796 G.

Da der Bote nicht wieder zurückgeht, so brauche ich auch keine Antwort, Du kannst nun Dienstags oder Mittewochs, morgen oder übermorgen kommen, so ist es mir ganz recht; ich bestelle nur im „Bären" nichts, und ihr könnt immer da abtreten, eine Stube ist bald geheizt.

Der Aufenthalt Christianes mit der von Goethe beschriebenen Gesellschaft währte vom 8. bis 12. März 1796, sie vertrieben sich die Zeit mit Schlittenfahrten und Schlittschuhlaufen. Nach Goethes Rückkehr am 16. März nach Weimar kehrte er erst am 28. April nach Jena zurück. Sein Abgehen hatte Christiane wohl traurig kommentiert.

79. Goethe

Ich bitte Dich recht herzlich, mein liebes Kind, die schönen, guten Tage zu genießen, die Du vor so vielen andern haben kannst, und Dir das Leben nicht zu verderben, noch verderben zu lassen. Du weißt, daß ich zu Hause nicht zur Sammlung kommen kann, meine schwere Arbeit[15] zu endigen, vielleicht gelingt mir es auch hier nicht und ich muß doch nach Ilmenau. Lebe recht wohl, grüße und küsse das Bübchen, ihr sollt mich bald besuchen.

[Jena,] Sonntag, den 1. Mai 1796.

15 Goethe arbeitete damals an dem Roman „Wilhelm Meisters Lehrjahre".

Dieser Besuch fand ab dem 19. Mai 1796 statt. Wie lange er dauerte, wissen wir diesmal nicht. Goethe selbst kehrte am 8. Juni nach Weimar zurück und reiste erst am 18. August wieder nach Jena, wo sich das Paar im September für sechs Tage wieder zusammenfand, bis Goethe am 5. Oktober nach Weimar folgte. Am 30. Oktober durfte ihn August nach Ilmenau in amtlichen Bergwerksangelegenheiten für elf Tage begleiten, eine erste Trennung des Kindes von Christiane.

94. Goethe

[…] Der Kleine ist sehr vergnügt und findet den ganzen Tag etwas zu treiben und zu spielen; Bergraths Fritz, der nun auch sein Nachbar ist, ist nun auch gesetzter und verständiger geworden. Lebe recht wohl. Ich sehe zwar gegenwärtig, wie nothwendig es war, daß ich hierher ging, und wie ich auch noch einige Zeit bleiben muß, bis alles wieder im Gang ist, allein ich versichre, daß mir die Expedition keineswegs Spaß macht, und daß ich wieder recht bald bei Dir zu sein wünschte. […]

3. November 1796 G.

Das Jahresende verbrachte Goethe gemeinsam mit Herzog Carl August in Leipzig und Dessau, um am 10. Januar 1797 in Weimar einzutreffen. Der nächste Jena-Aufenthalt begann am 20. Februar 1798, diesmal begleiteten ihn Christiane und August bis zum Dorf Kötschau. Erst am 31. März sollte er zurückkehren.

98. Christiane.

[Weimar,] Dienstags Abend, den 21. [Februar 1797.]

Ich und Dein liebes Bübchen sind glücklich und wohl wieder zu Hause angelangt, die Ernestine und Werners[16] kamen uns bis Umpferstedt entgegen. Heute den ganzen Tag habe ich mich [mit] der Reinlichkeit Deiner Zimmer beschäftigt und bin in der Komö-

16 Ein mit Christiane bekanntes Ehepaar aus Weimar.

die gewesen. Morgen werden vom ganzen Hause die Vorhänge gewaschen und den Donnerstag gebügelt, und überhaupt habe ich mir diese Woche vorgenommen, das Haus vom Boden bis runter in Ordnung zu bringen, den Sonntag mich mit dem rothen Kleid zu putzen und künftige Woche die Aufsätzchen[17] in Ordnung zu bringen, und alsdenn das Übrige wird sich finden. Stell dir vor, wie lieb Dich Deine beiden Hasen haben: wie Du in Kötschau von uns weg warst, gingen mir raus und sahen auf dem Berg Deine Kutsche fahren, da fingen mir alle beide eins an zu heulen, und sagten beide, es wär uns so wunderlich. […] Leb wohl und behalt lieb

Dein kleines Naturwesen.

113. Goethe

Ich bin nun so weit, daß die letzte Hälfte des Gedichts[18] nun auch rein abgeschrieben ist, freilich nicht zum letzten Male; indeß ist schon viel gewonnen, die erste Hälfte ist beinah ganz im Reinen, doch gibts immer dabei noch genug zu thun; es wird sich nun bald ausweisen, wann ich wiederkommen kann.

Schicke mir einige Bouteillen Wein und laß doch auf die Stöpsel recht Acht haben, es waren einige gar zu schlecht. […] Lebe recht wohl und grüße mir das Kind. Jena, am 21. März 1797.

G.

116. Christiane

[Weimar, 25. März 1797.]

Es folgen 4 Bouteillen Wein. Wenn ich nicht gewiß geglaubt hätte, Du würdest heute kommen, so hätt ich Dir am Mittwoche geschrieben, daß ich kein Geld mehr habe, und so gehet es mir nun sehr schlecht, ich bin in größter Noth, denn ich gebe der Köchin alle-

17 Gemeint sind sicherlich Tischaufsätze, sei es aus Silber, Porzellan oder Kristallglas.

18 Gemeint ist „Hermann und Dorothea“.

weile meinen letzten kleinen Thaler. Ich habe auf das Buch einen Carolin[19] ausgelehnt, ich wär also noch künftige Woche ausgekommen, und alsdann ist das Vierteljahr um. Und man hat doch immer auch was in Vorrath, ohne das man doch nicht sein kann. Wenn ich das alles rechne, komme ich doch gewiß ordentlich aus. Denn bei jzier [jetziger] Zeit ist es würklich Kunst; denn, wenn Du nicht da bist, es sind unser doch immer 6 zu Tische, und ich habe es die Zeit, daß Du nicht da warst, sehr eingetheilt, so daß die Köchin immer nicht mit mir zufrieden ist. Freilich weil der Bube krank war, habe ich wieder manche paar Groschen mehr ausgeben und ihm auch wieder etwas Apartes[20] kochen müssen. Er ist aber wieder wohl und gehet wieder aus. Von dem Carolin, den Du mir schicktest, habe ich das Komödie-Abonnement bezahlen müssen und Starke[21] den Thaler. 2 Paar Strümpfe vor Dich, habe Holz lassen machen, dem Kutscher Trinkgeld, und wenn ich nur nicht den Dukaten von dir schon angewandt hätte, so hätte ich doch noch was. [...] Antworte mir ja bald. Leb wohl und behalt mich nur lieb.

[*Beilage:* August]
Lieber Vater,
ich und mein liebes Mütterchen betrüben uns sehr, daß Sie heute nicht kommen. Ich bin wieder recht gesund. Wenn ich nur wieder bei Sie wär. Leben Sie recht wohl. Ihr August.
Weimar, den 25. März 1797

Der nächste Jena-Aufenthalt Goethes erfolgte zwischen dem 19. Mai und dem 16. Juni 1797.

---

19 Karolin, auch Karlin, war in Deutschland eine Goldmünze, die von verschiedenen Herrschern mit dem Vornamen Karl in Umlauf gebracht wurde.

20 Gemeint ist etwas nur für August Gekochtes.

21 Johann Christian Stark, der Arzt für August in Jena.

131. Christiane

[Weimar, 7. Juni 1797]

Den Brief und das Geld habe ich erhalten [...]

Nun ein Wort vom Schauspiel. In den 2 Spectakel-Stücken haben die Herren Stud[en]ten[22] auch sehr gespectakelt, gepocht und getrommelt, daß es eine Art hatte; ich behaupte, daß mancher nur einen halben Sporn mit nach Hause gebracht hat. [...] Gestern in „Oberon" war es wieder zum erdrücken voll, das Meiste Studenten, und weil die Herrschaft da war, schienen sie im Anfang ganz ruhig zu sein. Da es aber ihnen bei dem dritten Aufzug etwas zu lang schien, ehe es aufging, so fingen sie nicht nur an zu trommeln, sondern auch zu pfeifen. [...]

Daß wieder etwas fertig sein würde,[23] dachte ich mir gleich, der Schatz muß immer fleißig sein. Ich dächte aber, Du fingst nichts Neues an, und sähest, daß vielleicht das Gedicht fertig wär, und machtest itzo eine weilele [Weile] nichts mehr, denn es ist doch ein bißchen zu arg, und am Ende könnte es Dir doch auch schaden. Und bei dem übeln Wetter kannst Du auch nicht ausgehen, und bist immer allein, das betrübt mich ordentlich. Das Kind dankt herzlich vor die schönen Erdbeeren, und ich vor den Spargel.

Ich habe vorhin vergessen zu schreiben, daß gestern „Oberon" sehr gut gegangen ist, und daß sie alle recht sehr gut gespielt haben, die Jagemann außerordentlich und Leißring auch sehr gut; und bei der Weyrauch war alles Mögliche gethan, um es durch den Anzug zu zwingen. So schön ist noch keine Actrice als Türkin angezogen gewesen. [...] Leb wohl. Das war ein langer Brief.

---

22 Studenten der Universität Jena.

23 Goethe hatte Christiane zuvor von der Beendigung der Gespenster-Romanze „Die Braut von Korinth" für Schillers „Musen-Almanach" für 1798 geschrieben.

[*Beilage:* August]
Lieber Vater!
Hier schicke ich Ihnen ein Bild, das ich von der Frau von Stein bekommen habe. Ich danke Ihnen für die Erdbeere, die Sie mir heute früh geschickt haben, und die mir recht gut geschmecket haben, ich habe sie diesen Morgen nur halb gegessen, und Nachmittag will ich mir die übrigen zum Nachessen auch gut schmecken lassen. Leben Sie wohl und behalten Sie mich lieb.

August Göthe.

132. Goethe

[...] Für Deinen langen Brief danke ich Dir recht sehr, es geht schon wirklich mit dem schreiben, wenn Du es nur recht üben willst.

Hier schicke ich Dir einen Brief meiner Mutter, daraus Du sehen kannst, wie gut sie denkt. [...] Die beste Nachricht, die ich Dir zu geben habe, ist denn doch wohl, daß das Gedicht fertig ist, und so wäre es recht gut, wenn ich nur sonst ruhen könnte; es wird aber jetzt unermüdet am Almanach gearbeitet, der denn auch recht stattlich ausgestattet werden soll. Lebe recht wohl, besorge inliegende Briefe und Packete sogleich. Noch 8 Tage, so wird schon vieles klärer, und wir werden einander hoffentlich näher sein. Jena, den 9. Juni 1797

Im Frühsommer 1797 plante Goethe eine dritte Reise in die Schweiz, vielleicht auch nach Italien. Er wollte Heinrich Meyer in Stäfa besuchen und schaltete dieser Reise den lang ersehnten gemeinsamen Besuch in Frankfurt bei seiner Mutter vor, bei dem auch August der Frau Rat Goethe vorgestellt werden sollte, woraufhin er Christiane und August wieder zurück nach Weimar schicken wollte. Im Vorfeld der Unternehmungen erstellte Goethe sein Testament und beantragte für sich einen Reisepass und einen gesonderten für „Frau Vulpius und Sohn", wenngleich Christiane damals immer noch als Demoiselle Vulpius, also als unverheiratetes Fräulein in Weimar gehandelt wurde. Gleichwohl stellt er die Formulierung anheim: Was der zuständige beamtete Kanzler für „schicklich und zweckmäßig" erachten würde, solle er auf dem Pass einsetzen. Dies ist ein schönes Beispiel für Goethes Delikatesse. Auf der Rückreise schrieb Christiane an Goethe einen längeren Brief, den sie erst nach der Rückkehr in Weimar abschickte.

140. Christiane

[8.–11. August 1797] Saalmünster, Dienstag den 8. August, Mittag 12, im Gasthaus zum „Stern"

[...]. Bei Rodenberg [Rothenbergen], wo man nicht ausweichen kann, da kamen Fuhrleute, und es fiel ein Pferd und der ganze Karm [Kram] wäre bald auf unsere Kutsche gefallen; aber es ging, Gott sei Dank, noch gut ab. Alsdenn kam aber ein lustig Abenteuer, das war Folgendes. Es hatten die Kaiserlichen Husaren exercirt, und mir mußten halten, daß sie vor uns vorbei konnten. Da kamen etliche von den Husaren-Officiers zu uns an den Wagen und unterhielten sich mit mir und fragten mich, wo ich her käme, wo ich hin wollte. Ich beantwortete alles mit der größten Hasigkeit und habe ihnen sehr dummes Zeug weißgemacht. Es wurde auch über die Pistolen[24] gesprochen, die ich, da ich Soldaten kommen sahe, ein bißchen weiter als sonst herausgucken ließ. Sie waren gar nicht garstig; wär ich nicht so betrübt gewesen, daß Du nicht bei mir warst, es hätte gewiß ein bisschen Äuglichen gegeben; aber so ging es dießmal so ab. [...]

Den 8.

Abends 8 Uhr in Neuhof. Der Kutscher kam nicht wieder. Wir sind sehr schlecht lusirt [logiert] und werden nicht viel zu essen haben. Das ganze Haus ist voll Kaiserliche Soldaten; ich bin mit meinen 2 Pistolen durch ein 50 Mann ins Haus gegangen, und es hat keiner gebies [gepiepst]. [...]

---

24 Auf Reisen nahm Christiane für alle Fälle immer Pistolen mit.

Freitag, den 11. August, Mittag 3 Uhr in Weimar.
Mir sind beide gesund und wohl angekommen und haben auch zu Hause alles in rechtem gutem Stand gefunden. Das Kind läßt Dich und die liebe Groß-Mama grüßen. Und Du, Lieber, wirst mich bei der lieben Frau Rath auch entschuldigen, daß ich heute nicht schreibe. Ich bin heute von der Reise sehr eschäffiert [echauffiert], daß mir diese paar Zeilen fürchterlich heiß machen. Leb wohl und behalt mich so lieb wie ich Dich.

Weimar, den 11. August.

[*Beilage:* August]
Lieber Vater!
Ich bin glücklich nach Weimar gekommen und habe unter meine Kinder Zuckerbrod ausgetheilt, das ich in Erfurt gekauft hatte. Ich danke Ihnen sehr, daß Sie mich in Frankfurt herumgeführt und mir so viel Schönes gezeigt haben. Leben Sie wohl und behalten Sie mich lieb. August Göthe.

142. Christiane
Weimar, den 13. August [1797]
Lieber Schatz,
Ich habe heute Deinen Brief erhalten vom 9. August, Du wirst nun auch unsere Reise[25] erhalten haben. Wenn Du diesen Brief der lieben Frau Räthin gibst, so entschuldige mich ja wegen meines Schreibens, ich bin recht böse auf mich selbst, daß ich auch Jahr [gar] nichts kann. Vor die schöne Reise und vor die viele Mühe und Beschwerlichkeit, die Du mit uns gehabt hast, sage ich Dir noch vielen Dank. Ich werde noch sehr lang davon zu erzählen haben; in Weimar sind die Leute sehr neugierig und haben sich wegen unserer Reise allerhand Mährichen gemacht, die ich Dir, wenn mir wieder zusammen sind, erzählen will.

---

25 Gemeint ist der briefliche Reisebericht.

In meiner Haushaltung habe ich alles in der größten Ordnung gefunden. Meine guten Freunde haben mich gestern alle besucht, und es ist Rath gehalten worden, wie der schwarze Schimss [Chemise[26]] gemacht werden soll. […]

Ich bin sehr heiter und vergnügt, wenn ich an unsere Hinreise nach Frankfurt denke, wie Du, Lieber, so gut warst und uns so lieb hattest, das werd ich nie vergessen. Und die liebe Frau Rath hat uns so gut aufgenommen! ich glaube, ich bin nach der Reise ganz anders, ich komme mir ganz glückselig vor. Ich werde wohl nie wieder gramselen[27]. […] Es ist kein Wein, kein Globus, kein Aal, kein Packet angekommen. Wenn nur etwas Wein käme, sonst werde ich doch ein bißchen unglücklich, denn den Wertheimer liebe ich mir nicht, und mir haben auch nicht viel; und auf Deinen Geburtstag da müssen doch auch etliche Bouteillen aufgehn, denn da werden meine guten Freunde, juchn [jung] und alt, eingeladen. Wenn ich nur ein paar Fläschchen Malaga hätte! Was recht übel war, daß mir in Frankfurt keine Flasche Champagner getrunken haben. Das betrübt mich ordentlich. Leb itzo wohl. Aber wenn Du wiederkommst, da will ich Dich auch lieb haben, so wie Du Dir es gar nicht denken kannst. Adieu, liebe mich wie ich Dich.

Christiane V.

143. Goethe

Du hast mir sehr viel Vergnügen gemacht, daß Du mir gleich den Tag Deiner Ankunft geschrieben und dein Tagebuch geschickt hast; fahre ja fort, mir fleißig zu schreiben, damit ich wisse, wie es Dir geht, und was bei Euch vorfällt. […]

---

26 Siehe Fußnote 13.

27 Christianes Wort für trauriges Klagen oder Murren, eigentlich: gramselig sein.

Ich will heute über 8 Tage von hier abgehen und kann, wenn du mir den nächsten Freitag schreibst, Montag Abend noch den Brief hier erhalten […] Alle Arten von Packeten machst Du auf, siehst, was sie enthalten, und läßt sie alsdann entweder liegen oder gibst sie dahin ab, wohin sie allenfalls gehören; die Briefe aber schickst Du an meine Mutter. […]

Von Hamburg wird ein kleines Fäßchen an mich kommen, worin Seeschnecken sich in Brandewein befinden werden. Denke nicht etwa, daß es eine Eßwaare ist, sondern thu die Geschöpfe in ein Zuckerglas und halte sie mit Brandewein bedeckt, bis ich wiederkomme. […] Seit eurer Abreise bin ich noch einige Mal ausgefahren und oft gegangen und habe noch manchs gefunden, das ihr mit Vergnügen sehen werdet, wenn ihr einmal wieder in diese Stadt kommt. Auf alle Fälle werden wir uns bequemer und auf längere Zeit einrichten können. […]

Und nun, zum Lebewohl, noch ein paar Worte von meiner Hand.[28] Ich liebe dich recht herzlich und einzig, Du glaubst nicht, wie ich Dich vermisse. Nur jetzt wünschte ich reicher zu sein, als ich bin, daß ich Dich und den Kleinen auf der Reise immer bei mir haben könnte. Künftig, meine Beste, wollen wir noch manchen Weg zusammen machen. Meine Mutter hat Dich recht lieb und lobt Dich und erfreut sich des Kleinen. […] Lebe recht wohl, halte alles in Ordnung, denke an mich und behalte mich recht lieb. Eh ich weggehe, schreibe ich Dir noch einmal. Küsse das Kind.

Frankfurt, den 15. August 1797 G.

145. Christiane

Weimar, den 18. August [1797]

Wenn ich mir es gleich schon lange vorgestellt habe, daß Du reisen würdest, so ist es mir doch heut, als ich Deinen Brief erhielte, sehr schwer aufgefallen. Ich und das Kind haben beide sehr geweint.

---

28 Offenbar war der übrige Brief diktiert worden.

Es soll nach der Schweiz auch wegen des Kriegs übel aussehen. Ich bitte Dich sehr, schreibt mir nur bald. Und wenn Du in der Schweiz bist, laß mich auch immer etwas von Dir hören, und ich bitte Dich um alles in der Welt, gehe itzo nicht nach Italien![29] Du hast mich so lieb, Du läßt mich gewiß keine Fehlbitte thun. Was mich die Menschen hier ängstigen, daß Du nach Italien gingest, das glaubst Du gar nicht; dem einen hat es der Herzog selbst gesagt, das andere weiß es von Dir gewiß, ich will gar keinen Menschen mehr sehen und hören. Lieber, Bester, nimm mir es nicht übel, daß ich so gramsele, aber es wird mir dießmal schwerer als jemals, Dich so lange zu entbehren; mir waren so aneinander gewöhnt. Die Wege in [den] Garten sind nicht allein groß, alles im ganzen Hause kommt mir groß und leer vor. Bleibe ja nicht so lange aus, ich bitte Dich sehr. […]

147. Goethe

Vor allen Dingen muß ich Dich bitten, mein liebes Kind, daß Du Dich über meine weitere Reise nicht ängstigst und Dir nicht die guten Tage verdirbst, die du haben kannst. Du hast dich mit Deinen eignen Augen überzeugt, daß ich in meiner hiesigen Lage[30] nicht würde arbeiten können, und was sollte ich sonst hier thun? da das Allgemeine der Stadt bald beobachtet ist, und ich kein besonderes Verhältniß weder habe, noch haben mag. Die Jahreszeit ist so schön, daß man schon den täglich beneidet, den man zum Thor hinaus fahren sieht.

Du weißt überhaupt und hast auch auf der letzten Reise gesehen, daß ich bei solchen Unternehmungen sorgfältig und vorsichtig bin, Du kannst leicht denken, daß ich mich nicht von heiler Haut in Gefahr begeben werde, und ich kann Dir wohl gewiß versichern,

29 1796/97 war der Italienfeldzug Napoleons in vollem Gange, zuletzt hatte er im Mai 1797 Venedig besetzt.

30 In Frankfurt am Main.

daß ich dießmal nicht nach Italien gehe. Behalte das für Dich und laß die Menschen reden, was sie wollen; Du weißt ja die Art des ganzen Geschlechts, daß es lieber beunruhigt und hetzt, als tröstet und aufrichtet. Halte gut Haus und richte Dich so ein, daß Du mich entweder empfangen oder auch vielleicht wieder zu mir kommen kannst. […]

Lebe recht wohl, behalte mich lieb, grüße den Kleinen und gib ihm beiliegendes Blättchen. Schreibe mir bald, Du sollst auch immer von mir hören. Frankfurt, den 24. August 1797.

153. Christiane

Weimar, den 2. October [1797]

Lieber,

Heute frühe war mein erster Gedanke, ich würde einen Brief von Dir bekommen, aber ich habe dießmal vergebens gehofft. Des Abends ist mein letzter Gedanke an Dich und des Morgens ist es wieder der erste. Es ist mir heute so zu Muthe, als könnte ich es nicht länger ohne Dich aushalten. Es hat auch heute alles im Hause schon über meinen übelen Humor geklagt. Ich weiß gar nicht, was ich vor Freuden thun werde, wenn ich von Dir hören werde, daß Du wieder auf der Rückreise bist. Ohne Dich ist mir alle Freude nichts; ich habe, seit ich von Frankfurt weg bin, keine rechte vergnügte Stunde gehabt. Ich habe Dir es immer seither verschwiegen, aber länger will es nicht gehen. Ich habe mir auch alle mögliche Zerstreuung gemacht, aber es will nicht gehen; selbst das Schauspiel will nicht recht schmecken. Sei ja nicht böse auf mich, daß ich Dir so einen gramseligen Brief schreibe, er ist ganz aus dem Herzen raus. […] Kurz, wenn Du nicht da bist, ist es alles nichts. Und wenn Du nach Italien oder sonst eine lange Reise machst und willst mich nicht mitnehmen, so setze ich mich [mit] dem Gustel hinten darauf; denn ich will lieber Wind und Wetter und alles Unangenehme auf der Reise ausstehen, als wieder so lange ohne Dich sein. Es ist, als wär es gar nicht möglich. Im Hause ist alles in Ordnung, Du magst kommen des Tages oder die Nacht. Und der gute Meyer soll auch alles auf das beste finden. Komm nur bald und hab mich so lieb, wie ich Dich haben will. Leb wohl [...]

156. Goethe

Endlich habe ich, mein liebes Herz, Deine letzten Briefe erhalten, die Du mir unmittelbar schicktest. [...] Habe jetzt nur noch ein wenig Geduld, denn ich komme bald wieder, auch mir ist es in der Entfernung von Dir nie recht wohl geworden, wir wollen uns nunmehr desto lebhafter des Zusammenseins freuen. Der Gefahr wegen hätte ich wohl nach Italien gehen können, denn mit einiger Unbequemlichkeit kommt man überall durch, aber ich konnte mich nicht so weit von euch entfernen. Wenn es nicht möglich ist, euch mitzunehmen, so werd ich es wohl nicht wiedersehen. [...] Ich freu mich herzlich, Dich wiederzusehen, und habe Dich über Alles lieb. Zürch den 25. October 1797

Goethe kam am 20. November 1797 zusammen mit Heinrich Meyer nach Weimar zurück. Im folgenden Jahr verbrachte er die Zeit vom 20. März bis zum 6. April in Jena, und am 20. Mai 1798 reiste er erneut dorthin. In der Zwischenzeit konnte Goethe in Oberroßla ein Gut kaufen, im Wesentlichen, um Christianes Eigenständigkeit und Tätigkeit zu fördern.

210. Goethe

Ich will Dir einmal selbst schreiben, um Dir herzlicher zu sagen, daß ich Dich liebe und mich über Deine und des Kindes Gesundheit freue. Wegen des Kopfwehs, worüber August manchmal klagt, müßte man doch den Doctor gelegentlich fragen.

Meine Arbeiten fangen an zu rücken, doch langsamer als sonst. Ich bitte Dich daher, nicht unvermuthet herüber zu kommen; ich muß es wieder auf meine gewöhnliche Art halten und hier so lange in Einem Stücke arbeiten, als ich mag und kann. Alsdann wollen wir wieder vergnügt beisammen sein. Äugelchen gibts hier gar nicht, die

alten sind abgestorben, und Neues ist nicht nachgewachsen. [...]
Lebe wohl und liebe mich. Jena, den 20. November 1798

Es folgen zwei weitere Briefe Christianes, unter Nr. 212 der im einleitenden Essay auf S. 18–19 zitierte vom 24. November 1798. Am 29. November traf Goethe in Weimar ein und blieb dort bis zum 7. Februar 1799, erneut war ein Jena-Aufenthalt der Grund der Abreise. Dort besuchten Christiane und August ihn am 24. Februar. Sie kehrten gemeinsam am 28. Februar nach Weimar zurück. Goethe begab sich zum nächsten Arbeitsaufenthalt am Gründonnerstag, dem 21. März, nach Jena, wo er bis zum 10. April verweilte. Am 1. Mai begann ein neuerlicher vierwöchiger Aufenthalt in Jena für Goethe. Christiane und August besuchten ihn dort zwischen dem 18. und dem 27. Mai. Den Juni und Juli verbrachte Goethe in Weimar, bezog jedoch am 31. Juli sein Gartenhaus für sechs Wochen, um ungestört die Gedichte für den 7. Band seiner „Neuen Schriften" zu ordnen. Für diese Zeit hatte er Frau und Sohn nach Jena geschickt, um ganz ungestört zu sein. Sie kehrten am 9. August nach Weimar zurück. Eine Woche später fuhr Christiane nach Rudolstadt, um dort am traditionellen Volksfest, dem Vogelschießen, teilzunehmen und die Gastspiele der Weimarer Bühnenkünstler zu erleben. Goethe hängte an den Aufenthalt im Gartenhaus ab dem 16. September einen vierwöchigen in Jena an.

245. Goethe

Da ich so lange von Dir weg bleibe, so muß ich auch ein Blatt von meiner eignen Hand schicken und Dir sagen, daß ich Dich von Herzen liebe und immer an Dich und an das gute Kind denke. Die ersten vierzehn Tage habe ich fleißig zugebracht, aber es waren nur einzelne Sachen, die nicht viel auf sich hatten. Zuletzt machte ich mich an eine Arbeit, die mir zu gelingen anfing. Du hast mich wohl sagen hören, daß Durchlaucht der Herzog ein französisches Trauerspiel übersetzt wünschte,[31] ich konnte immer damit nicht zurecht kommen. Endlich habe ich dem Stück die rechte Seite abgewonnen, und die Arbeit geht von Statten. Wenn ich mein Mögli-

31 Es handelte sich um den „Mahomet" von Voltaire.

ches thue, so bin ich bis den 12. fertig und will den 13. abgehen. Bis ich das Stück ins Reine bringe und es spielen lasse, habe ich doch in den trüben Wintertagen etwas Interessantes vor mir, und dann wollen wir uns zusammensetzen und es ansehen.

Daneben habe ich noch manchen Vortheil und Genuß durch Schillers Umgang und andrer, so daß ich meine Zeit gut anwende und für die Folge manchen Nutzen sehe. Das wird Dich freuen zu hören, weil es gut ist und mir für die nächste Zeit Gutes verspricht. […]

Was die Menschen überhaupt betrifft, so thu ihnen nur so viel Gefälligkeiten, als Du kannst, ohne Dank von ihnen zu erwarten. Im einzelnen hat man alsdann manchen Verdruß, im Ganzen bleibt immer ein gutes Verhältniß.

Lebe recht wohl. Behalte mich lieb, wie mein Herz immer an Dir und an dem Kinde hängt. Wenn man mit sich selbst einig und mit seinen Nächsten, das ist auf der Welt das Beste. Jena, den 3. September[32] 1799. G.

246. Christiane

Dein Brief, mein Lieber, hat mich sehr gefreut. Wir wollen wie immer uns nur recht lieb haben. Ich habe Dich lieb und bin fleißig und thue in allem meine Schuldigkeit. Gefällig bin ich nur gegen alle Menschen zu viel, ich glaube nur, ich bin zu gut, und die Menschen mißbrauchen meine Güte. Das habe ich von neuem bei der Marien und Gille erlebt. Ich könnte an ihrer Statt gute Freundinnen genug haben, aber ich werde immer mißtrauischer gen alle Menschen, weil sie nur immer aus Interesse mit mir umgehen. Ich werde es freilich nicht anders machen, ich will mich also darüber wegsetzen und meinen Weg vor mich gehen, meine Haushaltung gut versehen und meinen Schatz lieb haben, und meine Freude an dem Buben sehen, und dann mannichmal eine steife Kaffee-Visite

32 Richtig: Oktober.

machen. Ich bin letzt bei Kammer-Secretär Scheynen [Scheiben] gewesen und bei Gerichts-Secretär Rentschens. Da kann [ich] Dir aber versichern, daß in solcher Gesellschaft beinahe kein vernünftiges Wort gesprochen wird und so gelogen wird, daß man erschrickt; wovon ich Dir allerlei zu erzählen habe. Denn ich glaube, wenn Du wiederkommst, kommt auch meine frohe Laune wieder. Ich freu mich schon voraus auf das Stück, ob ich es gleich nicht kenne. Und wenn Du vergnügt bist, das ist mir lieber als alles. Du schreibst mir, daß Du den 13. kommen willst, das ist gerade auf den Zwiebeljahrmarkt; da wär es besser, Du kämst einen Tag früher oder später. Doch wenn Du auch diesen Tag kommen willst, sollt Du mir lieb sein, ich habe es nur zu Deiner Nachricht geschrieben. Heute Nachmittag gehe ich zu der Kammerdiener Kämpfern und auf den Abend in die Komödie. Mit meinem Obst bin ich sehr zufrieden, daß ich es behalten habe; es wird mir vor diesen Winter großen Nutzen bringen. Auf künftige Woche werde ich Muß kochen. Hier sind gar keine Nüsse mit Schalen zu haben; könntest Du mir Mittewoch etwas mitschicken, so geschäh mir ein großer Gefalle, ich muß grüne Schalen ins Muß haben. Ich freu mich diesen Winter auf die Komödie, wenn wir auf der Bank zusammen sitzen werden, und überhaupt auch auf die Winterabende, wenn wir zu Hause miteinander schwätzen. Leb wohl und vergnügt und behalte mich so lieb wie ich Dich. Ich danke Dir herzlich vor Deinen Brief. Weimar, den 6. October [1799]

C. V.

Goethe kam am 14. Oktober 1799 nach Weimar zurück und reiste am 10. November erneut nach Jena.

257. Christiane

[Weimar, 23. November 1799]

Daß Dir es, mein lieber Schatz, so gut geht, das ist mir sehr lieb. Das Wetter ist dieses Jahr auch besser. Ich danke Dir vor den Weinzettel.[33] Heute bin ich wieder wohl, aber drei Tage habe ich im Bette gelegen und bin recht krank gewesen. Der Herr Professor wollte Dir einen Boten schicken, aber ich that es nicht, denn ich kenn meine Natur schon: ich bin gleich sehr krank, aber es vergeht auch bald wieder. Es ist hier so eine Seuche, es ist eine Art von Ruhr, und wer sich nicht abwartet, so wird es schlimm. Aber ich habe recht eingenommen und mich gut gehalten, so ist [es] nun vorüber. Den Gustel habe ich heute was abzuführen einnehmen lassen, damit er mir nicht auch krank werde; und morgen so[ll] Karl[34] auch etwas kriegen. Der August ist mir nicht vom Bette gekommen; er wird alle Tage vernünftiger, so daß [ich] oft vor ihm erschröcke. Daß es mit der Frau Hofräthin[35] so gut geht, das freut mich. Der Karl befindet sich wohl und ist vergnügt. Mit dem Pferde ist es doch so weit, daß es nicht mehr eitert; nun wird man sehen, ob es besser wird. Leb wohl und behalte mich lieb.

258. Goethe

Ich danke Dir, mein liebes Herz, daß Du mir von Deinem Übel nichts gesagt hast, bis es vorbei war, Du weißt, welchen herzlichen Antheil ich an Dir nehme. Es ist mir tröstlich, das gute Kind bei Dir zu wissen.

Mein Fleiß fängt jetzt erst recht an, wie es immer geht, wenn ich einmal 14 Tage hier bin; das gute Wetter führt uns sanft gegen des Jahres Ende, und ich kann einen viel bessern Winter als den vorigen hoffen. Wenn Du mir nur gesund bleibst.

---

33 Christiane brauchte Wein für ihre Einladungen, und es war nötig, dass Goethe eigenhändig diese Bestellung machte.

34 Schillers ältester Sohn Karl war vorübergehend im Hause Goethe untergebracht worden, um die Familie Schiller zu entlasten, die den Umzug nach Weimar vorbereitete.

35 Schillers Ehefrau Charlotte.

Ich küsse Dich und das Kind in Gedanken, und meine Abwesenheit wird mir dadurch leidlich, daß ich für euch arbeite. Lebet wohl und liebt mich. Jena, den 24. November 1799. G.

Goethe kam am 8. Dezember nach Weimar zurück, wo er länger verweilte. Am 28. April 1800 reiste er nach Leipzig zur Ostermesse.

267. Goethe

[…] Da August nicht mit Deinem Bruder kommen kann, so soll es um desto mehr dabei bleiben, daß du mich abholst. Du schreibst mir nur, wann Du hier ankommen willst, denn der Kutscher kann das auf eine Stunde sagen.

Es wird Dir und dem Kind viel Freude machen, Leipzig in dieser schönen Jahreszeit zu sehen; die Spaziergänge um die Stadt sind so schön, als man sie nur wünschen kann […]

Bringe nichts als weiße Kleider mit, man sieht fast nichts Anders. Ein Hütchen kannst Du gleich hier kaufen […]

Küsse das gute Kind und [sage] ihm nicht eher, daß er nach Leipzig soll, als bis es fortgeht.

Leipzig, den 5. Mai 1800 G.

Es folgte eine schwierige Zeit für Goethe und seine Familie. Er wurde am Jahresende 1800 in Jena krank, reiste Weihnachten daher nicht nach Hause, zog dann doch krank in das Haus am Frauenplan. Sein fiebriger Katarrh, Krampfhusten und etliche weitere Begleiterscheinungen beunruhigten Christiane. Goethe delirierte. Doch er gesundete schließlich unter Christianes guter Pflege. Im Frühling verbrachte Goethe recht viel Zeit in seinem Gut in Oberroßla (25. März–30. April), Christiane hat ihn auch zeitweise dorthin begleitet, dann wiederum hatte er in Weimar zu tun, und sie blieb in Oberroßla. Am 30. April kehrte er definitiv nach Weimar zurück, plante eine Kur in Pyrmont, um seiner Gesundheit weiter aufzuhelfen, diesmal durfte ihn August begleiten. Die Reise begann am 5. Juni und stabilisierte den Dichter. Ab dem 17. Juli war Goethe mit August in Göttingen, um an der dortigen Bibliothek zu arbeiten. Er schlug vor, sich mit Christiane in Kassel zu treffen, was auch erfolgte. Dort hielt sich die Familie fünf Tage lang gemeinsam auf. Am 21. August traten sie die Rückreise an, am 25. August trennte sich Goethe von Christiane und August in Gotha, wo er verweilte, während sie nach Weimar zurückreisten. Goethe kehrte am 30. August zurück und verbrachte das letzte Drittel des Jahres, unterbrochen durch zwei kurze Jena-Aufenthalte, in Weimar. Am 17. Januar 1802 reiste Goethe nach Jena, um den Nachlass des dort verstorbenen Sprach- und Naturforschers Christian Wilhelm Büttner zu ordnen.

304. Christiane

[Weimar, 20. Januar 1802]

Es betrübt mich recht, daß mein lieber Schatz so übel mit dem Essen daran ist; das ist immer das Schlimme bei Deinem Aufenthalt in Jena. Ich wollte, ich wär darüben, ich wollte Dir gerne alles selbst kochen. Wenn wir wieder zusammenkommen, so sollst Du alles auf das beste haben. Der Schnee geht leider hier auch fort, aber ich habe mir die paar Tage noch große Freude gemacht: der Kutscher hat mir das Fahren gelernt, und ich habe selbst gefahren. Gestern habe ich mich ganz allein in Schlitten gesetzt und gefahren, und der Kutscher hat hinten darauf gestanden und mit einer rechten großen kurwasse [Karbatsche][36] geklatscht, und ich bin in der Stadt durch alle Gassen und um alle Ecken recht gut gefahren und habe mir großen Ruhm erworben. [...]

August durfte seinen Vater ab dem 25. Januar 1802 besuchen und den büttnerschen Nachlass gemeinsam mit seinem Vater bestaunen und dabei mithelfen, ihn zu ordnen. Am 28. Januar fuhr Goethe mit August nach Weimar zurück, um am 8. Februar für längere Zeit wieder nach Jena zu gehen.

---

36 Eine starke, aus ledernen Riemen geflochtene Peitsche.

314. Goethe

Ich freue mich, daß die Pferde eben zu rechter Zeit eingetroffen sind, und daß Du nun die Schlittenbahn genießen kannst; doch thut es mir leid, daß der Doctor[37] krank geworden ist. Sorge für ihn, so gut Du kannst, und besuche ihn manchmal. Du kannst ja Ernestinen[38] mitnehmen, daß es nicht etwa falsch gedeutet wird. Zu des Professors[39] Genesung wünsche ich Glück. Er schreibt mir: daß er sich auf den Champagner wohlbefindet und von Lodern[40] noch etwas haben möchte; ich glaube aber kaum, daß dieser Freund noch hergeben kann und mag. Indessen, bis ich das ausmache, will ich ihm ein paar von den unsrigen überlassen und deren Erstattung auf irgend eine Weise annehmen. […]

Lebe recht wohl und behalte mich so von Grunde des Herzens lieb wie ich Dich.

Jena, den 19. Februar 1802. G.

Zwischen dem 21. Februar 1802 und dem 4. März war Goethe in Weimar, danach wieder in Jena, von wo er am 22. März wieder zurückkehrte, um Anfang April ein paar Tage in Oberroßla zu verbringen und ab dem 26. April wieder für zwei Wochen nach Jena zu gehen. Im Mai verbrachte Goethe eine Woche in Lauchstädt, Halle und Giebichenstein. Im Juni war er wieder für einige Tage in Jena. Zu Augusts Konfirmation am 13. Juni kehrte Goethe rechtzeitig zurück. Die Familie reiste gemeinsam am 21. Juni nach Lauchstädt, um der Einweihung des neu errichteten Theatergebäudes am 26. Juni beizuwohnen. Während Goethe bei einem Besuch der Familie mit August in Halle blieb, kehrte Christia-

---

37 Es handelt sich um den Arzt Nikolaus Meyer aus Bremen, der zwischen 1799 und 1800 in Goethes Haushalt mitgewohnt hatte und wenig später eine Praxis in Bremen aufmachte.

38 Christianes Halbschwester Ernestine.

39 Johann Heinrich Meyer, Professor an der Mal- und Zeichenschule in Weimar, auch dieser lebte in einem Zimmer des großen goetheschen Hauses bis zu seiner Verheiratung Anfang 1803.

40 Justus Christian Loder, Arzt und berühmter Anatom, Freund Goethes in Jena.

ne nach Lauchstädt zurück, wo sie sich ab sofort sommers immer sehr wohlfühlte.
Am 25. Juli reisten alle nach Weimar zurück, von dort ging Goethe am 3. August wieder nach Jena. Christiane war erneut schwanger. Am Vorabend seines Geburtstags kehrte Goethe zurück und verbrachte den Rest des Jahres im Wesentlichen in Weimar. Das am 16. Dezember geborene kleine Mädchen Kathinka verstarb bereits drei Tage später, sicherlich Grund für Goethe, seiner körperlich und seelisch daran leidenden Frau einige Monate zu Beginn des Jahres 1803 beizustehen. Erst am 17. April reiste Goethe wieder kurz nach Jena, kam zurück, um erneut über Jena und Naumburg Anfang Mai nach Lauchstädt zu fahren und die zweite Spielzeit dort vorzubereiten. Eine Woche später kehrte er nach Weimar zurück, war aber erneut ab dem 15. Mai für einige Tage in Jena. Im Juni weilten Christiane und Goethe vier Wochen lang als Badegäste und Theaterbesucher in Lauchstädt. Aus dieser Zeit existieren zahlreiche lange Briefe Christianes, die endlich Zeit zum Schreiben findet und sich offenbar wieder gefangen hat.

353. Christiane

[Lauchstädt, 20./26. Juni 1803]

Alleweile komme ich aus „Marie Stuart", welches ganz vortrefflich vorgestellt wurde.[41] Die Jagemann hat so noch nicht gespielt, auch Cordemann und alle. [...] Die Einnahme war 192 Thaler. Wenn nur mehr Bade-Gäste hier wären, daß es auch mehr zu tanzen gäbe [...]

Den Mittewoch, den 22., wie ich frühe aufwachte, war ich sehr krank und wußte nicht, wovon. Ich hielt mich im Bette und curirte mich nach meiner Art mit Portwein. Und heute, den 23., frühe habe ich mir von dem Italiener einen Sardellensalat holen lassen, und bin wieder ganz wohl. [...]

Freitag, den 24.

Heut frühe um fünf höre ich [folgen unleserliche Wörter] und bekomme Deinen Brief, wo ich mich freue, aber auch betrübe, wenn nicht alles so geht, als ich wünschte. Wenn Du auch, Lieber,

41 Schillers „Maria Stuart" mit Caroline Jagemann als Maria.

Ernestine etwas geben mußt, ich will schon alles wieder in das Gleise bringen, wenn ich wiederkomme. Sei nur ja nicht verdrüßlich darüber.[42]

Heute frühe fuhren wir spazieren; da freuen mich nur immer die Pferdchen, und allemal danke ich in Gedanken Dir, daß Du sie mir hier gelassen hast. Ich bin wieder recht wohl und sehr vergnügt. Heute war es in der Allee sehr zahlreich. Es sind wieder Bade-Gäste gekommen, und es wird schon wieder besser werden. Sehr viel Offiziere sind da. […]

Sonnabend, den 24. [25.]

Itzo kommen auch Kirschen die Menge. Auch habe ich hier allerlei bei dem Italiener entdeckt: Lachs, Hamburger Rindfleisch, Zungen. Wenn Du herkommst, so können wir uns allerlei mitnehmen. […]

Wenn nur nicht alles so theuer wäre! und ich hätte 14 Tage später kommen sollen, denn nunmehro geht der rechte Spuk erst an. Morgen frühe gebe ich meinen guten Freundinnen eine Chocolade in der Allee. Da werden freilich auch einige Äuglichen sich mit einschleichen. Es ist ein prächtiges Leben; wenn Du nur auch hier wärst und Dich noch so mitfreuen könntest! ich bin sehr glücklich, und so glücklich, machst Du, Lieber, mich! Ich kann Dir nicht genug dafür danken. […]

354. Goethe

Du bist recht lieb und gut, daß du so viel schreibst, fahre nur fort, denn es macht mir viel Vergnügen, auch im Einzelnen zu wissen, wie Dirs geht. Bleibe nur in Lauchstädt, so lange Du Lust hast; auf alle Fälle sehe ich gern, wenn Du Dich den ganzen Monat Juli dort aufhältst, denn ich habe eine wichtige Arbeit[43] vorgenommen, wo-

---

42 Offenbar hatte Christiane bei Abreise vergessen, ihrer Halbschwester genügend Haushaltsgeld zu hinterlassen und Goethe, der sich darum nicht kümmern wollte, musste aushelfen.

43 Goethe erarbeitete seine „Farbenlehre“.

bei mir die Einsamkeit wohltut, ob ich mich gleich oft genug nach Dir sehne. Bin ich damit zu Stande, so komme ich, Dich abzuholen, das mir auch gut sein wird. […]

356. Christiane

[Lauchstädt, 27. Juni bis 4. Juli 1803] […]

Sonntag, den 3. Juli habe [ich] in der Allee ein theschene [Déjeuner][44] gegeben, den Leipzigern und denen, die hier artig gegen mich sind. Es waren 18 Personen. Der Karl und der Kutscher mußten aufwarten. Es war sehr artig und anständig. Auch habe ich Schiller gesprochen. Ich sollte mit im Salon speisen, aber es war zu brillant, und ich war nicht darauf eingerichtet. Die Jagemann kam aber in ihrem ganzen Schmuck; so geputzt habe ich sie in Weimar nicht gesehen. Ich zog mich ganz simpel an, aber schön; that nichts von Ketten und gar nichts um, ging die Allee [entlang] und wurde gleich auf den Abend zu dem Ball eingeladen und wurde auch zugleich auf 10 Tänze engagirt. „Die Braut von Messina" war, und die Einnahme war 248 Thaler. Es war aber nicht im Theater auszuhalten vor Gluth; ich ging heraus und kam kaum bis am Salon, als ein großes Gewitter kam. Ich habe mit Schiller an Einem Tische gesessen, und wir waren sehr vergnügt. Nach Tische wurde getanzet, und ich habe dem Herrn von Nostitz seinen Vater kennen lernen, er ist Oberforstmeister hier; auch die Gräfin Schulenburg und Comtesse. Und es hat mich etwas von dem Herrn von Nostitz sehr gefreut, das ich Dir mündlich erzähle. Das ist einmal eine Ausnahme von einem gewöhnlichen Offizier. Gestern habe ich nur einmal mit ihm getanzet, aber fast wieder alles sah es. Auch war mein Schwarzköpfchen und Herr von Spiegel [da] und viele Bekannte. Denn ich habe mehr Bekanntschaft als voriges Jahr. Kurz, es gefällt mir höllisch, und Du hast mich sehr glücklich gemacht. Und wenn Du noch hierher kommst, so bin

44 Ein spätes Frühstück, ähnlich dem heutigen Brunch.

ich ganz glücklich. Auch nach dem August sehne ich mich recht. Manchmal denke ich mir aber doch, daß [ich] Dir vielleicht nöthig bin. Bei Zahlung des Geldes da wirst viel zu thun haben, und ich wäre Dir doch wohl nützlich. Schreibe mir darüber; ich möchte Dir gerne auch beistehen.

Schiller logiert auf dem Kohl-Hofe. Nach dem Balle brachten sie ihm ein Vivat mit Trompeten und Pauken.

Schreibe mir nur aufrichtig, wie es in der Haushaltung geht, und sei nicht verdrüßlich, und denke nur, wie glücklich und vergnügt Du mich machst. Leb wohl und denke mein. Deine Gesundheit wird oft im Salon getrunken. Morgen will ich nach Giebichenstein fahren und übermorgen baden. Adieu, mein Liebstes. […]

358. Goethe

Gestern habe ich Deinen Brief erhalten, der mir viel Vergnügen macht. Fahre ja so fort, mir täglich zu schreiben, was Dir begegnet, wir lesen alsdann zusammen das Tagebuch, und manches fällt Dir dabei wieder ein. Ich will versuchen, diesen Brief auf die Post zu schicken, und bin neugierig, wann er in Deine Hände kommt.

Mit den Äugelchen geht es, merke ich, ein wenig stark, nimm dich nur in Acht, daß keine Augen daraus werden. Nach Deiner Beschreibung muß es jetzt sehr artig in Lauchstädt sein; und da Du leicht in die Nachbarschaft fahren kannst, so gibt es doch auch Abwechslung genug. Genieße das alles mit frohem Herzen. Mit der Geldzahlung habe ich gar keine Plage, es geschieht nur in meiner Gegenwart […] Grüße Herrn Hofrath Schiller! Ich wünsche, daß er sich wie Du in Lauchstädt gefalle und lange dort bleibe. […] Lebe wohl und liebe mich und gedenke mein, wie ich mit Sehnsucht an Dich denke. August ist mit hier und beträgt sich sehr artig.
Jena, Donnerstag, den 7. Juli 1803.

Bemerke ja, wenn Du diesen Brief erhältst. Möge er Dich zur guten Stunde treffen. G.

359. Christiane

[Lauchstädt, 4./10. Juli 1803] Montag [4. Juli] Abends.

„Die natürliche Tochter“[45] hat sehr gefallen und allgemein, aber man wünschte sie nur noch einmal zu sehen. Sie haben auch alle recht gut gespielt, besonders Graff und die Miller haben besser als in Weimar gespielt. Und man wünschte nur, daß Du hier sein möchtest [...] Ich sprach lange mit dem Herrn Hofrath Schiller; und als die Herren Offiziere zu lustig wurden, so gingen wir mit unserer Gesellschaft weg und fuhren noch bei Mondenschein auf dem Kahn. Das hat mir sehr gefallen. Sehr oft dachte ich aber: wenn nur der gute Schatz auch dabei wär! [...]

Mittewoch, den 6. [...] Trotz den vielen Vergnügungen aber fällt mir sehr oft ein, daß ich nun schon lange hier bin, und daß es Dir doch auch viel kostet. Darum bitte ich Dich, wenn du wieder von Jena zurück bist, so schreibe mir, ob Du noch Lust hast, zu kommen. Denn ich weiß wohl, daß es Dir keinen Spaß macht hier. Sobald Du mir dieß ordentlich schreibst, so komm ich auch gleich. Denn mit dem Kutscher und allem ist es doch auch ein bißchen stark, daß ich die Ausgabe allein mache. Ich weiß wohl, daß Du sehr gut bist und mir alles gerne gönnest; aber mir ist es selbst nicht recht und habe Vergnügen genug gehabt. Sei also ja so gut und schreibe mir. Denn wenn Du nicht kömmst, so denke ich etwa so gegen den 20. abzureisen, und da wird es wohl recht sein. Schreibe mir ja darüber Deine Meinung.

360. Christiane

[Lauchstädt,] Montag, 11. Juli [1803], frühe um 7 Uhr.

Was mir Dein lieber Brief gestern vor Freuden gemacht hat, kann ich Dir gar nicht beschreiben. [...] Es wurde „Der argwöhnische

---

45 Goethes Trauerspiel hatte am 2. April 1803 in Weimar Premiere gehabt.

Liebhaber"[46] gegeben. Die Einnahme war 202 Thaler. Becker und Haide wurden herausgerufen. Nach der Komödie speisten wir im Salon, wo ich mit einer Fräulein von Biedersee Bekanntschaft macht und mit mehreren Damen, die ich noch werde alle kennen lernen. Überhaupt, man ist hier sehr artig gegen mich; ich kann sagen, man ist artiger gegen mich als gegen andere Leute. – Mich hat es sehr gefreut, daß so viel Weimarer hier sind, die dieses alles mit ansehen. Der Ball war so schön, als ich hier noch einen erlebt habe; es waren gewiß 100 Frauenzimmer und meistens lauter Fräulein und Comtessen,[47] und ich habe alles getanzet, was getanzet worden. Ich weiß auch gar nicht, wie es dieß Jahr ist, das Tanzen wird mir so leicht, ich fliege nur so, und vergnügt bin ich immer sehr. [...]

Heute ist „Die Jungfrau von Orléans", und es wird unmenschlich voll werden. Nach der Komödie haben uns die Herren Offiziere und Herr Hofrath Schiller zu einem Soupé und Ball bei Chryselius[48] eingeladen. Morgen sollst Du auch erfahren, wie es da war. Das Baden habe ich mehre Tage ausgesetzt, denn bei dem vielen Tanzen will es doch nicht recht gehen; aber Mittewoch, so soll es wieder angehn. Ich komm mir schon viel schmäler vor; ob es wahr ist oder Einbildung, weiß [ich] nicht. Aber schön ist es hier, immer kommen noch Bade-Gäste an, und wird noch immer mehr bestellt. Wenn Du nur nicht verdrüßlich wirst, wenn ich noch 14 Tage hierbleibe. Wenn ich freilich gewußt hätte, daß ich so lange hier bleibe, so hätte ich die Pferde wieder zurückgeschickt; aber so sieht es freilich stattlicher aus. Heute will ich wieder ein bißchen ausfahren.

---

46 Schauspiel von Christoph Friedrich Bretzner.

47 Fräulein war ein Ehrenname für unverheiratete erwachsene Frauen von guter, insbesondere adliger Abkunft, Comtessen für unverheiratete Damen gräflicher Abkunft.

48 Der Merseburger Stiftsbaumeister Johann Wilhelm Chryselius arbeitete 1776 bis 1787 an der Erweiterung und Neugestaltung der Kuranlagen in Lauchstädt.

Zu erzählen habe ich Dir gewiß auf ein ganzes Jahr. Mein Breslauer Äuglichen hat sich so stattlich herausgeputzt, daß es sehr gut aussieht, und tanzen thut es auch sehr gut. Genug, die Weimaraner waren erstaunt.

Aber es muß immer aus einer Zerstreuung in die andere gehen; sonst, wenn ich zu Hause bin, habe ich manchmal den Gedanken, Du willst morgen anspannen lassen und fortreisen, denn nach dir sehne ich mich sehr, auch nach dem Kinde, und an die Garten- und Haushaltung darf ich gar nicht denken, so werde ich doch ängstlich. [...] August grüße herzlich, und er soll mir schreiben, was ich ihm mitbringen soll. Leb wohl.

Wenige Tage später trifft August in Lauchstädt ein. Goethe rät Christiane, mit dem Sohn einen Ausflug nach Dessau zu machen und gegen Ende Juli wieder in Weimar zu sein, doch Christiane verzichtet auf diese Tour und will am 26. Juli zurückreisen.

365. Goethe

Ob ich Dir gleich alles Gute gönne und Dir mit August eine Reise nach Dessau wohl gewünscht hätte, so ist es mir doch auch sehr angenehm, daß Du früher zurückkommst, denn freilich fehlst Du mir an allen Enden.

Mit der Gutsübergabe[49] ist es recht artig und glatt gegangen. Kirchner (der Kammerconsulent) hat als Notarius sein Hocuspocus recht ordentlich gemacht, am Schlusse ließ ich etwas Kaltes aufsetzen. Das Geld schaffe ich wieder fort, und durch eine Verbindung von Umständen komme ich mit den Interessen sehr leidlich weg. Wenn Du zurückkommst, wollen wir unsern Haushalt recht schön ordnen und von alten Sünden völlig reinigen.

---

49 Goethe verkaufte das Gut Oberroßla für 15.500 Reichstaler, erworben hatte er es für 13.125 Reichstaler.

Thue mir aber nun die Liebe und übertreib es diese letzte Zeit nicht mit tanzen und schließe Deinen Aufenthalt mit einem mäßigen Genuß. Grüße August. Ich erwarte Dich mit herzlicher Sehnsucht. Weimar, den 20. Juli 1803 G.

Vom 7. bis 11. August 1803 war Goethe in Jena. Aber auch Christiane verbrachte im August (17.–22.) einige Tage dort, gemeinsam mit ihrem Bruder, während Goethe in Weimar blieb. Im September trat Friedrich Wilhelm Riemer, bisher Hauslehrer im Hause Wilhelm von Humboldts in Berlin, diese Stelle im Haus am Frauenplan an, um August auf die Universität vorzubereiten, der insbesondere in den alten Sprachen Griechisch und Latein Nachholbedarf hatte. Anfang November war Goethe erneut für einige Tage in Jena, kehrte am 12. November zurück und fuhr am 24. November wieder dorthin, diesmal für vier Wochen. Den Wunsch des Herzogs am 13. Dezember, Goethe möge dringend zurückkehren, da man seine Gegenwart wegen des Besuchs der französischen Schriftstellerin Madame de Staël ersehne, wies dieser ab und bat Schiller, ihn vorerst zu vertreten. Erst am 24. Dezember war er zurück und empfing die eloquente Französin, das Ehepaar Schiller, Hofrat Stark, den Arzt, sowie den Herzog zum Mittagessen. Für das Jahr 1804 ist das Konvolut erhaltener Briefe recht gering, auch sind sie ausnahmslos von Goethe. Christiane weilte aber – offenbar nach einer Reise nach Leipzig – wieder im Sommer in Lauchstädt, etwa ab dem 10. Juli. In der Badeliste wird sie als 150. Gast aufgeführt, wohnhaft bei Herrn Franke.

383. Goethe

Ich habe mich lange nicht so wohl befunden als diese Tage her, sogar habe ich wieder Lust zum „Götz“[50]; deßwegen ist mirs doppelt lieb, daß Du auch vergnügt in Lauchstädt bist. Bleibe so lange dort,

50 Goethe versuchte schon seit Monaten, eine neue Bühnenfassung seines Stücks „Götz von Berlichingen“ zu erstellen, um es stärker dem Publikumsgeschmack anzupassen. Diese gelang ihm über den Sommer, so dass das Stück in der Neufassung am 22. September 1804 zum ersten Mal in Weimar gegeben werden konnte.

als es Dir gefällt, und laß Dir vom Cassir geben, was Du brauchst. Von Deiner Leipziger Reise hoff ich Gutes zu hören. Es ist recht artig, daß du diese Stadt auch einmal außer der Messe siehst. [...] Lebe recht wohl und vergnügt. Im Hause geht alles recht ordentlich und zu meiner Zufriedenheit. Dein Geistchen scheint darin umzugehen und alles anzuordnen. Alles grüßt. Weimar, den 17. Juli 1804.
G.

385. Goethe

Die Kutsche ist glücklich angekommen, und August war außer sich vor Freuden, als er vernahm, wo es hinaus sollte. Er kommt nun mit Riemer, und ich wünsche euch zusammen viel Vergnügen. Ich freue mich sehr, daß Dir alles nach Wunsch geht, und bin recht wohl zufrieden, daß Du den 6. August, auf Deinen Geburtstag, nach Tische bei mir wieder eintreffest. Ich will eine Flasche Champagner parat halten, um Dich gut und freundlich zu empfangen. Denn mich verlangt sehr, dich wieder zu haben. Im Hause geht alles ordentlich. Nach Lauchstädt kann ich nicht. [...] Grüße alles. Und gedenke mein. Auf baldiges Wiedersehn. Weimar, den 28. Juli 1804.
G.

Doch schließlich reiste Goethe doch noch am 17. August 1804 nach Lauchstädt ab. Christiane begleitete ihn, sie blieben zwei Wochen dort, unterbrochen von einem Aufenthalt in Halle, und kehrten am 3. September nach Weimar zurück.

Den Beginn des Jahres 1805 war Goethe lange krank, ebenso Ernestine und die Tante Juliane, so dass der große Haushalt ganz allein auf Christianes Schultern ruhte. Zu allem trat noch Schillers Tod am 9. Mai 1805, von dem der kranke Goethe erst tags darauf erfuhr.

Im Juni verbrachte Goethe erneut einige Tage in Jena, im Juli reiste das Paar zur Badekur nach Lauchstädt, dort wohnte Goethe ab dem 3. Juli bei Herrn Richter und Christiane, offenbar erst ab dem 4. Juli, bei Meister Derpsch. Die Bäder taten Goethe sehr gut, auch hielt er Diät. Am 12. August reiste Christiane mit Riemer zurück nach Weimar, während Goethe mit August Halle, Magdeburg und Helmstedt besuchte. Daraufhin ging es nach Nienburg und Halberstadt über das Bodetal zurück nach Lauchstädt, wo Goethe mit August seinen Geburtstag verlebte und eine Nachkur anschloss.

389. Goethe

Mit Vergnügen wirst du, mein liebes Kind, von August die näheren Umstände unserer vierzehntätigen Reise vernehmen, wenn ich dir im Allgemeinen sage, daß ich mich recht wohl befunden habe. Noch besser fast als die Bewegung wirkt die Zerstreuung; denn man hat keine Zeit, über sich nachzudenken und über diese oder jene kleine Andeutung eines Übels besorglich zu werden. Von Helmstädt wirst Du einen Brief von mir erhalten haben. Nun bin ich wieder in Lauchstädt, wo es sehr still ist. Wenn es nur wenigstens gutes Wetter wäre! Ich habe vorgezogen, meinen Geburtstag hier im Stillen zu begehen, um mich bald möglichst zu einigen Arbeiten zu sammeln. Am liebsten wäre ich nun wieder zu Hause; doch will ich wohl jene Bequemlichkeit noch einige Zeit entbehren und mich hier ans Baden und Wassertrinken halten. Augusten sende ich Dir. Er hat sich gar gut betragen und die ganze Reise erheitert, er wird Dir manches erzählen. Nun ists gut, daß er wieder in das Schulgleis kommt und eine Weile darin fortgeht.

Wenn Du mir Donnerstag, den 5. September, die Pferde wiederschicken wolltest, würde es wohl die rechte Zeit sein; doch am angenehmsten wäre mirs, wenn Du mich selbst abholen wolltest. Lassen es Deine häuslichen Geschäfte zu und hast Du des Vergnügens am Vogelschießen genug genossen, befindest du Dich auch recht wohl, so thue es; doch soll es ganz von Dir abhängen. Auch noch etwas Geld müßtest du mitbringen. [...] Lebe recht wohl und liebe mich. Wenn es mir gut geht, freue ich mich dessen vorzüglich um Deinetwillen, so wie ich an allen Orten, wo etwas Angenehmes vorkam, ich Dich im Stillen zu mir wünschte.

Lauchstädt, den 28. August 1805.

Goethe schickte den Sohn nach Weimar, und Christiane traf am 5. September in Lauchstädt ein. Tags darauf reiste das Paar gemeinsam nach Weimar zurück. Für Goethe folgten wenig später, wie auch im Oktober und November, Tage in Jena. Die sich darauf beziehenden Briefe sind jedoch nicht erhalten. Das Jahr 1806 begann mit dem Tod Ernestines am 7. Januar und immer neuen preußischen Einquartierungen, die Christiane fast ganz allein zu bewältigen hatte. Anfang März starb dann auch Christianes alte Tante Juliane, und um Goethes weiterhin nicht gefestigte Gesundheit sorgte sie sich ebenfalls. Erneut plante Goethe eine Kur in Karlsbad, zuvor ging er Mitte Juni für zwei Wochen nach Jena. Christiane wiederum war spätestens ab dem 20. Juni in Lauchstädt. Wie schon im Jahr zuvor logierte sie bei dem Meister Derpsch, doch leider sind keinerlei Briefe von ihr aus diesem Sommer überliefert. Am 29. Juni reiste Goethe gemeinsam mit Riemer und dem Jenaer Stadtkommandanten Franz Ludwig Albrecht von Hendrich nach Karlsbad, wo sich sein Gesundheitszustand zusehends besserte.

394. Goethe

Karlsbad, den 7. Julius 1806.

Da ich nur Gutes zu erzählen habe, so will ich heute zum zweiten Mal schreiben. Mein Brief vom 3. wird angekommen sein. Das Wasser hat eine recht gute Wirkung auf mich gemacht, und ich denke, es soll so fortgehen. Seitdem ich den Sprudel trinke, habe ich keine Tropfen eingenommen, und die Verdauung fängt schon an, recht gut ihren Gang zu gehen. Ich werde nun so weiter fortfahren und abwarten, was es werden kann. Übrigens muthet man sich hier viel mehr zu, als zu Hause. Man steht um 5 Uhr auf, geht bei jedem Wetter an den Brunnen, spaziert, steigt Berge, zieht sich an, macht Aufwartung, geht zu Gaste und sonst in Gesellschaft. Man hütet sich weder vor Näße, noch Wind, noch Zug und befindet sich ganz wohl dabei. […] Lebe recht wohl und liebe mich. Diese Tage will ich auch an August schreiben. G.

Herr von Hendrich und Herr Riemer grüßen zum schönsten.

Am 4. August 1806 reiste Goethe von Karlsbad ab und kam am 8. August in Jena an, stattete in Weimar eine Stippvisite ab und ging am 15. August erneut nach Jena. Mehrere Briefe aus jener Zeit sind verloren. Den September verbrachte er zumeist in Weimar, ab dem 26. September war er erneut in Jena. Es folgte die aufwühlende Zeit um die Schlacht von Jena und Auerstedt. Goethe war ab dem 6. Oktober wieder in Weimar und notierte unter dem 14. Oktober im Tagebuch die nach dem Einzug der Franzosen in Weimar erfolgenden Beschießungen, Brände, Plünderungen und die Erhaltung des eigenen Hauses durch „Standhaftigkeit und Glück". Goethe hatte Christiane zu danken, die mit Intuition und Tapferkeit auf die Eindringlinge am 14. Oktober reagierte, indem sie sie bewirtete. Am 16. Oktober kündigte er ihr die nun für ihn beschlossene Trauung mit ihr an, die am 19. Oktober erfolgte. Umgehend erfolgten die Glückwünsche von Goethes Mutter, die Christiane seit dem ersten Kennenlernen mochte. Insofern war es ein glücklicher Einfall Goethes, Christiane im Frühling 1807, als die Turbulenzen des Kriegs ruhigeren Zeitläuften gewichen waren, zu einem eigenständigen Besuch seiner Mutter in Frankfurt zu motivieren. Erneut war die Trennung Anlass für ihn, an sie zu schreiben.

399. Goethe

Weimar, den 30. März 1807.

[…] Daß meine liebe Frau glücklich angekommen, war mir sehr beruhigend zu vernehmen. Der Brief, der mir es meldet, kam ganz genau zur Stunde. Er überzeugt mich von dem, was ich voraussah, daß die Zusammenkunft erfreulich sein würde. […]

Auf die Erzählung des Vergangenen freue ich mich. Zum Schreiben mag sich unter den gegenwärtigen Umständen wenig Zeit finden. Dagegen will ich mit meinen Nachrichten etwas umständlicher sein. Denn ich halte dafür, wenn man lange auseinanderbleibt, so soll man sich wechselseitig um das Detail des Lebens nicht bekümmern. Hofft man sich aber bald wiederzusehen, so ist es gut, nicht aus dem Zusammenhange zu kommen.

Zuerst also muß zum Lobe der Köchin gesagt werden, daß sie ihre Sachen vortrefflich macht, gute Waare ankauft und sie mit Sorgfalt zubereitet, sodaß wir es uns jeden Mittag können wohlschmecken lassen. Am Grünen Donnerstag hatten wir uns Kohlsprossen bestellt und Honig zum Nachtisch, um dieses Fest recht würdig zu feiern. August hatte selbst Eier roth und hart gesotten. Da die Fastenbrezeln alle sind, so bäckt die Köchin allerlei Torten und Kuchen, die ihr nicht übel gerathen. Ein Truthahn ist abgeschlachtet, und andre gute Dinge sind im Vorrath. […] Demoiselle Bardua[51] hat mich nochmals zu malen angefangen. G.

Goethe hatte sich entschlossen, auch 1807 nach Karlsbad zu gehen, da ihm die dortige Kur so wohlgetan hatte. Auf dem Weg verbrachte er noch einige Tage in Jena, fuhr am 25. Mai ab und erreichte Karlsbad am 28. Mai. Zahlreiche Briefe Goethes sind von diesem Aufenthalt erhalten, aber keiner Christianes, die sich wieder nach Lauchstädt begab und dort ab dem 5. Juli bei Herrn Kleßner wohnte.

408. Goethe

Karlsbad, den 24. Juni 1807.

Wie ich aus den verschiedenen Briefen, die wir gewechselt haben, ersehe, so gehen die Posten von hier auf Weimar und zurück noch immer sehr langsam; und weil man sich also Nachrichten und Entschlüsse nicht gut mittheilen kann, so will ich Dir voraus sagen, wie ich es zu halten gedenke, damit Du Dich von Deiner Seite darnach richten könntest.

Die veränderte Curart, nach dem Rathe des Doctor Kapp von Leipzig, schlägt mir sehr gut an, und ich will den Gebrauch des Wassers auf diese Weise fortsetzen. Dann soll ich baden, ohne zu trinken, und was weiter für Anordnungen werden gut befunden werden. Auf den Donnerstag sind wir 4 Wochen hier, und ich habe Lust, auf alle Fälle noch 4 zu bleiben, weil ich für mich keinen angenehmern und vortheilhafteren Aufenthalt wüßte. […]

---

51 Die Malerin Caroline Bardua war eine der wenigen Frauen der Zeit, die sich eine freiberufliche Existenz als Künstlerin aufbauen konnten.

Nun von Dir und Deinen Projecten zu reden, so siehst Du hieraus, daß Du mit Deiner Lauchstädter Tour auf meine Rückkunft nicht warten kannst. Ich gebe Dir also folgenden Rath, daß Du das Haus recht gut besorgest und bestellest, Dich nach jemand Soliden umsiehst, der in Deiner Abwesenheit hereinzieht und etwa Deine Stube und Alkoven bewohnt: denn ich bitte Dich inständig, das Haus nicht etwa Augusten und den Mägden allein zu überlassen, weil uns daraus ein großer Verdruß erwachsen könnte, der allen Spaß verdürbe und eine schlechte Nachcur gäbe. […]

Die Granaten werden nunmehr glücklich angekommen sein, und ich hoffe, sie sollen nebst den Spitzen in Lauchstädt guten Effect thun. August soll ein Paar Pistolen haben. Der Säbel wird schwerer zu finden sein. Überhaupt haben sich die hiesigen Arbeiter gefürchtet, Waffen fertig zu machen, weil sie dachten, man könne sie ihnen, beim Ausbruche eines Krieges, ohne viel Complimente wegnehmen. Von den geschliffenen Glaswaaren bring ich etwas mit, sowohl für die Tafel als für den Theetisch. Denn was den letzten betrifft, so kannst Du ihn künftigen Winter doch nicht ganz entbehren.

Lebe recht wohl und grüße alle Freunde. Von Lauchstädt aus kannst Du schreiben. Denn über Leipzig kommen die Briefe von dort eher hieher als von Weimar. Lebe recht wohl und gedenke mein. G.

August besuchte seinen Vater in Karlsbad um den 23. August.

414. Goethe

Karlsbad, den 23. August 1807.

August ist glücklich hier angekommen und freut und verwundert sich an den seltsamen Felsen, warmen Quellen und dergleichen, daß er sogleich angefangen hat, zu zeichnen und zu illuminiren, wobei er, wie es im Anfange geht, wo man noch nichts kann, große Freude hat.

Es ist höchst nöthig, daß du übers Jahr, wenigstens auf eine Zeit, auch mit hergehst, damit Du wenigstens weißt, wovon die Rede ist, weil das ganze Karlsbader Wesen gar nicht beschrieben werden kann. [...] Von einem Fall, der jedoch nicht wahrscheinlich ist, will ich zugleich sprechen. Es wäre nicht unmöglich, daß ich nach Töplitz ginge, da denn meine Begleiter allein nach Weimar zurückkehren würden. Ich habe zwar keinen eigentlichen Trieb dazu; aber der Herzog hat hier mündlich, und jetzt wieder schriftlich, dergestalt darauf insistirt, daß ich ihn dort besuchen soll, daß ich noch nicht weiß, ob ich es ablehnen kann und werde. Hiervon sagst Du niemanden nichts; ich sage aber nur gern das Mögliche, ja das Unwahrscheinliche voraus, damit es Dir nicht einen unangenehmen Eindruck mache, wenn Du etwa den Wagen ohne mich zurückkehren siehst.[52]

Lebe recht wohl.

Ein Stück Spitzen folgt doch. G.

Goethe traf am 11. September wieder in Weimar ein und verbrachte erst ab dem 11. November einen Monat in Jena. Im Jahr 1808 verließ August das Elternhaus, am 4. April ging er zum Studium nach Heidelberg. Goethe weilte vom 23. April bis 1. Mai in Jena. Obwohl Goethe auf die vielen Briefe Christianes aus diesem Jahr brieflich anspielt, sind diese doch insgesamt nicht erhalten. Daher spiegeln sich Christianes Verhältnisse erneut ausschließlich in Goethes Briefen.

417. Goethe

Hierbei kommt wieder eine Schachtel Pflanzen; wenn Du noch mehr willst, darfst Du es nur schreiben, meine Liebe; der Sellerie kommt später. Leider begünstigt mich das Wetter nicht. Wir sitzen meist zu Hause und gehen Abends bei den Freunden herum, wo meist etwas vorgelesen wird. An meiner „Pandora“ habe ich etwas gearbeitet [...]

---

52 Ein weiteres Beispiel ist dies für Goethes liebevollen Respekt Christianes Gefühlen gegenüber.

Ich will noch einige Tage zusehen, wie es mit meiner Arbeit geht. Auf alle Fälle nehme ich hier einen Wagen und komme ohne weitre Anmeldung. […] Lebewohl, mein gutes Herz! Ich freue mich auf Deinen wohlbepflanzten Garten. Wegen der Fuhre nach Karlsbad habe ich Abrede genommen.

Jena, den 29. April 1808 G.

Goethe kehrte am 1. Mai 1808 nach Weimar zurück, strebte jedoch erneut früh nach Karlsbad, wie im Jahr zuvor. Gemeinsam mit Riemer langte er dort am 15. Mai an. Christiane ging wiederum ab dem 21. Juni nach Lauchstädt, diesmal wohnte sie bei Familie Kleinlein. Wiederum gibt es keine von Christiane erhaltenen Briefe aus diesem Jahr.

421. Goethe

Du hast mich zwar dießmal sehr lange auf einen Brief warten lassen, doch war er mir sehr lieb; […]

Da ich mich dießmal so wohl in Karlsbad befinde und überhaupt mich hier sehr glücklich fühle, so freut es mich außerordentlich, daß Du auch etwas Ähnliches an Lauchstädt hast. Genieße nur des Guten ungetrübt, indem Du Deiner Lebensweise treu bleibst und, wie es die Gelegenheit gibt, immer ein wenig vorwärts rückst, so wirst Du dich trefflich befinden. […]

Daß ich hier in Gesellschaft der alten Äugelchen ein stilles Leben führe, dagegen hast Du wohl nichts einzuwenden; auf alle Fälle wirst Du Dich zu entschädigen wissen, wovon ich mir getreue Nachricht ausbitte. Recht schön wäre es aber, wenn wir uns entschlössen, auf den Herbst eine kleine Reise zusammen zu machen. […]

Das Theater betreffend wirst du in dem bisherigen Gange fortfahren und alles bemerken, damit mir nichts fremd sei, wenn wir wieder zusammenkommen. Grüße sie sämmtlich. Die musikalischen Übungen halte ja zusammen. Es ist diese Unterhaltung mehr werth, als man denkt, wenn man sie haben kann. Ich freue mich auf Nachrichten von Dir.

Karlsbad, den 15. Juni 1808. G.

425. Goethe

Du erhältst hierbei, mein liebes Kind, das Kappische Gutachten[53] im Original und in Abschrift. Die letzte behältst Du zu unsrer Nachricht. Kapp sagt: es sei da nichts Bedenkliches, noch Gefährliches, nur müsse man dazu thun, und räth viel Fuß-Bewegung. Kommst Du nach Weimar zurück, so bade in der Niedermühle und thue Camillen und Schafgarbe in das Bad.

Daß Dir der Lauchstädter Aufenthalt keinen Spaß dieß Jahr gemacht hat, thut mir leid; aber es bleibt sich nichts gleich! Wir wollen nun auf Herbst und Winter hoffen.

Mit meinem hiesigen Aufenthalte bin ich noch sehr zufrieden, ich habe mich viel besser befunden und mehr gethan als vor einem Jahre. Ich gehe noch einmal nach Franzenbrunn auf Kapps Verordnung, Trinken und Baden zu wiederholen, das mir außerordentlich wohlgethan. […] Nun lebe wohl. Heute ist Frau von Eybenberg, sonst Marianchen genannt, von hier abgegangen, sie hat mir viel Freundliches erzeigt. Äugelchen gibt's unzählige, wer nur die kostbare Zeit daran wenden könnte und möchte.

Das Liebste ist mir, daß sich Dein Befinden wieder einrichtet, und daß nach Kapps Meinung alles wieder recht hübsch werden kann. Lebe recht wohl, grüße alles und gedenke mein.

Karlsbad, den 1. August 1808. G.

---

53 Goethe hatte den Arzt Dr. Christian Erhard Kapp in Franzenbrunn (heute: Franzensbad-Eger) in eigenem und in Christianes Namen konsultiert, und dieser hatte ein Gutachten über ihre gesundheitlichen Beeinträchtigungen erstellt.

[Beilage]

Abschrift

Ich glaube, daß außer der Schlaffheit des Darmkanals auch noch eine Schlaffheit der Blutgefäße des Unterleibs vorhanden ist; daher Anhäufungen von Blähungen und Unreinigkeiten in dem ersten und Blutstockungen in den zweiten.

Ich würde zu etwas tonischen Extracten, z. B. von Schafgarbe mit etwas Enzian und dergleichen, zu einem Pulver aus Pomeranzenrinden mit etwas Rhabarber und ein paar Tropfen Cajaputöl[54], vorzüglich aber zu spirituosen und etwas gewürzhaften Einreibungen rathen.

Die Frau Geheim-Rath muß sich viel Bewegung zu Fuß machen und alle fette und blähende Speisen vermeiden. Zum Getränke wäre rother Wein mit Wasser am zuträglichsten.

[Karlsbad.] Den 1. August 1808. Kappe

Es versteht sich, daß Du gleich nach Merseburg gehst, Herrn Dr. Schlegel die Inlage zeigst und seine weitern Verordnungen befolgst. Denn er wird Dir nun freilich erst die Rezepte schreiben.

426. Goethe

Diese Abendstunde, da man wegen der großen Hitze nur in der Nacht ausgehen mag, will ich anwenden, Dir, mein liebes Herz, einiges zu schreiben; am Tage bin ich sehr fleißig. […]

Die Schachtel wird nun angekommen sein, auch wirst Du nach Kappes Verordnung nunmehr verfahren, und ich hoffe, es soll besser werden, da denn doch das Übel von keiner Bedeutung zu sein scheint. Wir wollen künftig uns aber nicht so lange mit Unglauben hinschleppen und besonders Kappen auch in Briefen fragen. Ich

54 Richtig: Cayaputöl, Cajeputöl. Das Öl aus den Blättern des Cajeputbaums wurde zur Linderung rheumatischer Erkrankungen und Gliederschmerzen genutzt.

habe ihn erst recht kennen lernen, was das für ein trefflicher Mann und Arzt ist. Wenn die gute Laune sich nicht einstellen will, so denke nur, über welche ungeheure Übel wir hinausgekommen sind, und wie es uns vor Millionen Menschen gut geht. [...]

Du thust wohl, in Lauchstädt bis zu Ende zu bleiben, und mir geschieht eine große Liebe. Denn ohne Dich, weißt Du wohl, könnte und möchte ich das Theaterwesen nicht weiter führen. Wenn wir wieder zusammenkommen, machst Du mich mit den Ereignissen des Sommers bekannt, und über den Winter wollen wir auch schon hinauskommen. Auf die Musik freue ich mich bei Eberweins Wiederkehr.

Dein Geburtstag ist doch glücklich und fröhlich gefeiert worden?

Solltest du nicht auf einige Tage nach Dessau gehen? Ich wünschte, daß Du diese Sachen in der schönen Jahreszeit sähest. Wir finden in der Erinnerung auch wieder eine neue Unterhaltung. Übers Jahr müßtest Du gleich Anfangs mit mir her; nach Deinen Zuständen taugt Dir zwar der hiesige Brunnen nichts, aber es wäre, Dich umzusehen, und wir könnten am Eger-Brunnen länger verweilen, der Dir doch wohltätig ist.

Was mich betrifft, so mag ich noch von hier nicht fort; ich komme so bald nicht wieder in die Arbeit, wie ich jetzt im Zug bin, in Weimar bin ich nicht nötig; ja, der Herzog hat mir von Töplitz sehr freundlich geschrieben, ich solle mir nach Möglichkeit wohlsein lassen. [...]

Und nun lebe recht wohl, mein liebstes Kind! Es wird dunkel; und mein Papier geht zu Ende. Liebe mich und gedenke mein.

Karlsbad, den 7. August 1808. G.

Am 30. August verließ Goethe Karlsbad und blieb noch bis zum 12. September in Franzenbrunn, am 14. September traf er in Jena ein. Tags zuvor war seine Mutter in Frankfurt gestorben. Eigentlich wollte er Christiane am 16. September in Kötschau treffen, um sie ungestört durch häusliche Be-

schäftigungen nach langer Trennung wiederzusehen. Den 15. verbrachte er in Drakendorf bei Jena bei der Familie von Ziegesar. Dort erreichte ihn der Eilbote, den Christiane, die inzwischen in Jena war, geschickt hatte. Beide trafen gemeinsam am 17. September in Weimar ein. Inzwischen hatte Christiane die junge Caroline Ulrich[55] als Gesellschafterin gewonnen, mit der sie Ende September, wohl auf eigenen Wunsch, über Erfurt nach Frankfurt reiste, um die Erbschaftsangelegenheiten für ihren Mann zu regeln, während Goethe selbst abseits des Erfurter Fürstentags Napoleon begegnete, den er seit langem verehrte. Der Aufenthalt in Frankfurt währte lange, bis in den November, und Christiane reiste nach Goethes Wunsch Anfang November gemeinsam mit Caroline Ulrich noch nach Heidelberg, um August zu besuchen. Dazu gab Goethe auch erneute gute Ratschläge, wie sie sich verhalten sollte. Andererseits schrieb er auch seinem Sohn, um ihn auf den Besuch der Mutter einzustimmen und Besuche in Mannheim und Schwetzingen vorzuschlagen, damit Christiane die Komödie in Mannheim und die – damals – gebäudefreie Rheingegend dort sehen konnte. Immer sah er darauf, dass Christiane ihre Weltkenntnis erweitern konnte, denn er hatte erfasst, wie stark beeindruckbar und begeisterungsfähig sie war. Nicht zuletzt zog er viel Freude aus einem Dialog mit ihr über von beiden erlebte Orte und Gegenstände. Am 23. November kehrte Christiane nach Weimar zurück. Das Jahresende verbrachten beide gemeinsam am Frauenplan.
Ab Ende April 1809 arbeitete Goethe in Jena an seinem Roman „Die Wahlverwandtschaften". Christiane besuchte ihn am 18./19. Mai und erneut am 28. Mai, um am 29. wieder mit Gesellschaft abzureisen. Jeweils waren Gesellschaften in Jena der Anlass, sei es im Hause Frommann oder bei Knebels. Goethe brauchte jedoch Arbeitsruhe.

445. Goethe

[…] Wende alles, was Du kannst, die nächsten acht Tage von mir ab: denn ich bin gerade jetzt in der Arbeit so begriffen, wie ich sie seit einem Jahre nicht habe anfassen können. Würde ich jetzo ge-

---

55 Caroline Ulrich (1790–1855) war verwaist und im Haus von Verwandten aufgewachsen. Ab 1806 begleitete sie Christiane auf Bälle, Gesellschaften und Fahrten nach auswärts, ab 1808 wohnte sie in häuslicher Gemeinschaft mit den Goethes im Hause am Frauenplan.

stört, so wäre alles für mich verloren, was ich ganz nahe vor mir sehe, und was in kurzer Zeit zu erreichen ist. [...] Weiter wüßte ich nichts zu sagen, als daß ich Dir wohl zu leben wünsche.

Jena, den 30. Mai 1809 G.

Christiane besuchte Jena wiederholt im Frühsommer und Sommer, wo Goethe weiter an den „Wahlverwandtschaften" arbeitete, die er Ende Juli in den Druck gab. Der Roman war die bislang experimentellste seiner literarischen Arbeiten. Wie deutlich mag dies Christiane vor Augen gestanden haben als wichtigste dichterische selbst auferlegte Aufgabe ihres geliebten Ehemanns? Der Brief 462 Goethes, im einleitenden Teil auf S. 27 zitiert, spricht für sich. Für diese wichtige Phase gibt es leider keine erhaltenen Briefe von Christiane.
Im Jahr 1810 war Goethe vom 12. März bis zum 2. Oktober abwesend von Weimar, zunächst zwei Monate in Jena. In diesem Zeitraum besuchten ihn Christiane und Caroline Ulrich zwischen dem 6. und dem 11. April. Aus dieser Zeit sind wiederum nur Briefe Goethes erhalten.

478. Goethe

Alles, was ich gewünscht habe, ist recht glücklich und gut angekommen, deßwegen Du auch ganz besonders gelobt sein sollst. Ganz allein fehlt noch das Holz vom Wacholderbaum, wovon ich dich um einen stärkern und schwächern Ast bitte.

Unsere Geschäfte gehen hier sehr gut; nur bringt mich leider das Essen beinahe zur Verzweiflung. Ich übertreibe nicht, wenn ich sage, daß ich vier, fünf Tage bloß von Cervelatwurst, Brot und rothem Wein gelebt. Auch sehe ich unter den hiesigen Umständen gar keine Rettung und wäre, weil es mir zuletzt doch schädlich werden muß, schon wieder hinübergefahren, wenn es unser Geschäft nur einigermaßen zuließe. Ich bitte Dich also aufs allerinständigste, mir mit jedem Boten-Tage etwas Gutes, Gebratenes, einen Schöpsenbraten, einen Kapaun, ja einen Truthahn zu schicken, *es mag kosten, was es will*, damit wir nur zum Frühstück, zum Abendessen, und wenn es zu Mittag gar zu schlecht ist, irgend etwas haben, was sich nicht vom

Schwein herschreibt. Ich mag Dir nicht sagen, wie verdrießlich und ärgerlich ich die Zeit hier gewesen bin, wenn ich mit einem übertriebenen und ganz unschicklichen Aufwand entweder hungern oder etwas genießen mußte, was mir offenbar schädlich war.

Alles Andere, was von uns selbst abhängt, geht sehr gut, und wir werden zur rechten Zeit fertig. Daß der Bibliothekar[56] schon heute kommt, hindert, daß der Schreiber dieses[57] nicht mit dem Wagen zurückkehrt. [...]

Jena, den 17. April 1810. G.

Auch Goethes diesjährige Reise nach Karlsbad hatte Christiane in allen Details, von Garderobe über Pässe und die Orden, die er mitzunehmen gedachte, vorzubereiten. Zum Zweck der Übergabe all dieser Dinge ließ er sie noch einmal zwischen dem 12. und 15. Mai nach Jena kommen. Am 16. Mai reiste er gemeinsam mit Riemer ab. Sie fuhren über Hof und Franzenbrunn und kamen am 19. Mai in Karlsbad an. Goethe empfahl Christiane eine häusliche Kur mit Egerwasser und Heilmitteln, die der Arzt Dr. Schlegel aus Merseburg verschreiben sollte.

488. Christiane

Lieber Geheimerath,

Dein lieber Brief hat mich recht aufgeheitert, weil ich daraus ersehe, daß Du recht wohl und vergnügt angekommen bist. Ich habe meine Recepte wiedergefunden und befinde mich schon etwas besser; auch habe ich schon von dem Egerwasser[58], welches ich gleich den Tag nebst Deinem Brief erhielt, getrunken. Feuerstein hat mir

---

56 Gemeint ist Christian August Vulpius, Christianes Bruder, der in Weimar Bibliothekar geworden war.

57 Gemeint ist Riemer, der, nachdem er nicht mehr Augusts Lehrer war, für Goethe immer unentbehrlicher wurde, weil er beispielsweise dessen Ausgabe letzter Hand in jahrelanger Arbeit redigierte. Ab 1812 wurde er Lehrer am Weimarer Gymnasium, ab 1814 Bibliothekar. Zudem heiratete er in diesem Jahr Caroline Ulrich.

58 Bezeichnung für Brunnenwasser aus der Franzensquelle in Franzensbad, das weithin versendet wurde.

9 große Bouteillen geschickt; die erste, welche wir aufmachten, war so vortrefflich, daß ich sie mit Caroline ausgetrunken habe. Doch kommt es mir sehr theuer vor; ich habe ihm für die 9 Flaschen 3 Thaler, 6 Groschen 9 Pfennige bezahlen müssen. Doch sagte er mir, daß er in 14 Tagen wieder hinfahre, und weil er da ein Packet mitnehmen kann, so will ich Dir alle Briefe und Zeitungen schicken. Da bitte ich Dich, wenn es möglich ist, mir einen Wiener Shawl zu schicken, damit ich ihn noch zur Vermählung[59] hätte. Für die schönen Steck-, Näh- und Stricknadeln danken wir; von letztern könnten wir einige Gestricke etwas stärker brauchen, von den Nähnadeln könnten wir die folgenden Nummern auch brauchen. [...] Auch hat mich Frau von Wolzogen besucht, und ich bin gestern auch wieder bei ihr gewesen; sie ist sehr mit einpacken beschäftigt, weil sie bald wegreist und das Haus dem Herzog verkauft hat. Frau von Humboldt wird sie in Frankfurt treffen; sie läßt Dich vielmals grüßen, und ehe sie weg geht, will sie noch einen Abend bei mir im Garten zubringen. Bei dem Theater geht alles ruhig und still fort. [...] Wir haben hier sehr schönes, fruchtbares Wetter, und ich bin jetzt dabei, Krautland und Garten, alles zupflanzen zu lassen, um, wenn Du wieder zurückkömmst, Dir meine schöne Ernte von allem zeigen zu können. Auch blühen dieses Jahr alle Obstbäume in unserm Garten so schön, als ich es lange Zeit nicht gesehen habe, und der Garten und das Gartenhaus sind unser beständiger Aufenthalt. [...] Ist denn die bediene [Bettine] in Karlsbad angekommen und die Frau von Eybenberg? Und hier sagt man, die Silvie[60] und Gottern[61] gingen auch hin. Was willst du denn mit allen

---

59 Die Vermählung der Weimarer Prinzessin Caroline von Sachsen-Weimar-Eisenach mit dem Erbprinzen Friedrich Ludwig von Mecklenburg-Schwerin am 1. Juli 1810.

60 Silvie von Ziegesar (1785–1858) aus Drakendorf bei Jena.

61 Pauline Gotter (1786–1854), eine enge Freundin von Silvie von Ziegesar und Tochter des damals schon verstorbenen Gothaer Freundes Goethes, Friedrich Wilhelm Gotter.

Äuglichen anfangen? Das wird zu viel. Vergiß nur nicht ganz Dein ältstes, mich, ich bitte Dich, denke doch auch zuweilen an mich. Ich will indeß fest auf Dich vertrauen, man mag sagen, was man will. Denn du bist es doch allein, der meiner gedenkt.

Lebe wohl und behalte lieb C. v. Goethe.

Weimar, den 24. Mai [1810].

491. Goethe

Karls-Bad, den 6. Juni 1810.

In diesem Briefchen, das den Shawl begleiten soll, will ich aber auch einmal eigenhändig sagen: daß ich recht oft und in herzlicher Liebe Dein gedenke und Plane mache, wie wir künftiges Jahr einige Zeit hier zusammen zubringen können. Für dießmal kommt der Schleier, der Dir gewiß gefallen wird, wenigstens haben wir alle drei ihn für den schönsten gehalten. Ich wünsche, daß er glücklich ankommt, schreibe mir seinen Empfang. Versäume ja nicht diesen Sommer alle Arten von Cur in Weimar und Lauchstädt. Am letzten Orte laß Dir das Baden empfohlen sein. Grüße August, von dem ich noch nichts vernommen habe. […]

Lebe recht wohl und gedenke mein in Liebe. G.

492. Christiane

[Weimar, 6. Juni 1810.] No. 3

Lieber Geheimerath,

Du wünschest gleich auf Deinen vorigen Brief Antwort. Ich habe mich sehr gefreut, wieder so bald etwas von Dir zu hören; ich bekam ihn schon am dritten Juni,[62] er ist also nur sieben Tage gegangen. Zwei Briefe sind nun schon von mir unterweges, dieses ist der dritte; wir wollen sie nummeriren, um zu sehen, ob sie alle ankommen.[63] […]

---

62 Gemeint ist Goethes Brief aus Karlsbad Nr. 489 vom 27. Mai 1810.

63 Demnach fehlt einer von ihnen, ist verlorengegangen oder vernichtet worden.

Du schreibst mir, daß es in Karlsbad Regenwetter gibt; dieß ist aber noch lange nicht so übel als bei uns, wo es drei Nächte hindurch Eis gefroren hat. Ich erfuhr in Jena, daß Bohnen, Gurken bei uns erfroren wären, und kaufte mir da alles wieder frisch. Wie ich ankam, sah ich, daß es doch beinah alles zur Hälfte erfroren war. […] Dorthe, welche immer die Bedenklichkeit ist, hat in meiner Abwesenheit die Orangenbäume mit Tüchern behängt, und so sind sie gerettet; die aber im Park bei der Frau von Stein sind alle gelb, und in Belvedere hat man sie wieder ins Gewächshaus schaffen müssen. Allen Leuten sind beinah die Kartoffel erfroren; doch die meinigen, welche ich heute früh mit Carolinen besucht habe, sind so groß und stehen so schön, daß es würklich eine Freude ist, sie anzuschauen. Doch scheint es, als hätte der Türkische Waizen[64] etwas gelitten. […] Unsere Singstunden gehen auch ruhig fort. Künftigen Freitag gehen die Ferien in Jena an, und August kommt herüber. Den 15., heißt es, kommen die Prinzen, den 17. soll das Vogelschießen angehen, wovon Du auch gehörig Nachricht bekommen sollst, denn ich habe mir vorgenommen, Dir bestimmt alle acht Tage zu schreiben, einmal mit der Post und einmal durch Herrn Genast, welcher mir es angeboten hat. Bei uns ist hier Jahrmarkt, er ist so brillant, als ich noch keinen erlebt habe. Ich habe da beinah alle Damen vom Hof und Adel gesprochen und gesehen, welche Dich alle herzlich grüßen und sich nach Deinem Wohl bei mir erkundigt [haben]. Die Kaufleute hatten alles Mögliche zu verkaufen, nur keine Shawls, welche mir gefallen hätten, sie waren so gewöhnlich; und doch haben die Damen hier die allerschönsten, weil sie sich alle welche von Leipzig verschrieben haben oder daselbst eingekauft. Ich wage daher meine Bitte nochmals, dich um einen zu bitten, […] Ich habe immer vergessen Dir zu schreiben, daß mir die zinnernen Löffel viel Freude gemacht haben, und ich es mache wie die gute Mutter, und habe das Silber bei Seite gelegt. Wenn niemand bei mir

64 Eine Bezeichnung für Mais.

ist oder nur gute Freunde, so esse ich mit Zinn, und dieses Jahrmarkt will ich mir auch noch einen Vorlegelöffel kaufen, und ich habe mir fest vorgenommen, nicht eher wieder mit Silber zu essen, bis Du zu uns zurückkehrst, welcher Tag bei uns festlich begangen werden soll. Bedenke aber auch den 12. Juli, da wollen wir Deine Gesundheit trinken, und Du wirst mit Riemer die meinige trinken. Lebe wohl und behalte mich lieb. C. v. Goethe

495. Christiane

Weimar, den 19. Juni 1810, No. 5.

Dein lieber eigenhändiger Brief nebst dem schönen Shawl hat mich ganz glücklich gemacht, denn so einen liebenswürdigen, schönen Shawl habe ich, so lange ich lebe, nicht gehabt; auch das kleine Tüchelchen[65] ist ganz vortrefflich. Ich und Caroline haben beim Auspacken unsere Freude so laut werden lassen, daß August um Ruhe bitten mußte, damit er ins Postbuch quittiren konnte; er kam den 18. an und kostet ohngefähr 19 Groschen Porto. […] Nun auch etwas von uns. Unsere Tanzstunden setzen wir recht ordentlich fort, und aus der letzten Tanzstunde bei uns wurde ein kleiner Ball, wo von den Personen hier ein Zettelchen folgt, sowohl Zuschauer als Tanzende; und ich wurde genöthigt, ihnen etwas Kaltes aufschneiden zu lassen, worüber sich denn die Kinder ungemein freuten, und wir waren von vier Uhr bis halb Elf zusammen; die Comteß Egloffstein war die letzte beim Scheiden. Jetzt sind wir beschäftigt, sowohl unsern Putz zum Vogelschießen, welches heute seinen Anfang nimmt, zu ordnen, als auch zu den Festlichkeiten, die nun kommen sollen. Doch gestehe ich Dir ganz aufrichtig, daß ich sehr zufrieden bin, nicht unter die Damen zu gehören, welche immer an Hof gehen müssen, denn die Ausgaben von Kleinigkeiten könnten leicht meine Casse ruiniren; denn da ist bald der Fächer aus der Mode, und die Krause kann man nicht an Hof tragen und jenen

---

65 Ein Geschenk Goethes für Caroline Ulrich.

Kragen nicht, so daß man ganz confus wird. Doch für einmal will ich alles mitmachen, und wir geben uns alle mögliche Mühe, nicht proper, aber doch sauber und modern zu erscheinen. […]

Da der Herzog so nach dem Bade eilt, so soll die Vermählung[66] schon den zweiten sein. So denke ich, daß wir vielleicht auch schon den achten nach Lauchstädt gehen; doch denke ich, Dir darüber den nächsten Post-Tag bestimmt zu schreiben. […]

Ich fange nun an, alles Nöthige gut zu verwahren, um alsdann ruhig reisen zu können. Lebe wohl und schreibe mir bald.

496. Christiane

Weimar, den 25. Juni 1810.

Lieber, bester Geheimerath,

[…] Die Vermählung[67] ist den zweiten; den 5. werden die jungen Herrschaften abreisen. Ich und Caroline gehen bestimmt den 6. Juli von hier ab; ich habe wieder mein altes Logis auf dem Markt[68] bekommen und sehe dem Tag mit Freuden entgegen, wo ich von hier abreisen werde. Das Eger-Wasser von Feuerstein und eine Kiste von Deinem sind nun getrunken. Die eine Kiste will ich mit nach Lauchstädt nehmen. Von den Festlichkeiten wird es hier so viel nicht geben. Auf den Freitag ist großer Ressourcen-Ball,[69] wozu die Herrschaften auch eingeladen sind. Gestern war trotz der Einquartirung[70] doch große Tanzstunde bei mir, weil wir nämlich allerlei probiren, was da getanzt werden soll.[71] Wie alles abgegangen ist, sollst Du im nächsten Brief erfahren, denn von hier aus

---

66 Siehe Fußnote 53. Die Hochzeit fand dann tatsächlich am Sonntag, dem 1. Juli 1810, statt.

67 Siehe Fußnote 53 und 65.

68 Christiane wohnte 1810 im Haus des Vermieters Häußer. Freundliche Auskunft von Ute Boebel, Leiterin des Museums Bad Lauchstädt.

69 Ein Tanzvergnügen des 1799 gegründeten Weimarer Geselligkeitsvereins „Ressource“.

70 Französische Soldaten waren immer wieder in Goethes Haus einquartiert.

71 Bei der Vermählung der Prinzessin Caroline. Siehe Fußnote 53.

schreibe ich Dir noch einen Brief. Nun etwas von der Haushaltung. Ich habe nämlich alles, was von Schuhmacher-Rechnungen hier für Dich und August war, beinah bezahlen müssen. Dann gab es auch einige Reparaturen im Haus; auch habe ich für den künftigen Winter meine Butter angeschafft, Essig zum einmachen und dergleichen. Und das, was für August und mich zu den Festlichkeiten nöthig war, kostet auch etwas. Ich habe mich so eingerichtet, daß ich wohl 6 bis 8 Wochen mit dem, was ich habe, reiche und meine Lauchstädter Ausgaben davon zu bestreiten denke. Auch kostet mich die Einquartirung bestimmt zwanzig Thaler; doch wenn wir sie auswärts hätten, kostete es wohl viermal zwanzig. Sollten wir Einquartirung bekommen unter der Zeit, daß ich in Lauchstädt bin, so wird der Sprachmeister Körner in unserem Hause alles besorgen; doch hat mir die Polizei versprochen, daß ich in meiner Abwesenheit keine bekommen soll, denn ich habe mich dieses Mal schon beschwert, daß ich zu viel habe. Nun also wegen des Geldes. Wenn ich Ende August wieder zurückkomme, so habe ich freilich gar keins, und in Lauchstädt ist es doch auch ängstlich, wenn man zuletzt gar kein Geld mehr hat. So dächte ich so, daß Du mir vielleicht ein Papierchen zu 100 Thalern hinschicktest, nur eine Anweisung an Frege[72]; ich verspreche, es nicht auszugeben, als bis ich es in Weimar nothwendig brauche. Die Haushaltung geht freilich immer fort und kann [niemals] still stehen, weil man immer für die Zukunft sorgen [muß]. Das große Zimmer ist auch wieder gemalt und recht [schön] geworden; jetzt bin ich daran, die Möbels in Ordnung zu bringen, und lasse alle Thüren und Einfassungen im Zimmer wieder bohne[r]n. Auch werden alle Öfen umgesetzt und der Kochofen ganz neu reparirt, damit, wenn Du wiederkommst, alles in der größten Ordnung ist. Kommst Du eher als Ende August, so gehe ich auch früher von Lauchstädt weg; sonst bliebe ich da, bis die Gesellschaft weggeht, denn ohne Dich mag

72 Christian Gottlob Frege, Bankier in Leipzig.

ich fast gar nicht in Weimar sein. Über meinen Shawl habe ich eine große Freude, er wird allgemein bewundert. Nach diesem Brief schreibe mir nicht mehr nach Weimar; ich wünschte, daß ich wieder in Lauchstädt einen anträf. Die ganze Gesellschaft vom Theater empfiehlt sich Deinem Andenken, besonders aber Deny, welcher äußerte, daß, wenn Madame Teller sterben sollte, seine Frau auch in diesem Fach aushelfen wollte; komische Alte habe sie schon mit Beifall gespielt. Und sie wünscht weiter nichts, als, wenn Du zurückkommst, bei Dir einmal eine Probe von dieser Art abzulegen. Lortzing hat den Graf Balken[73] bekommen und dankt von ganzem Herzen. Bis jetzt ist alles in der größten Ruhe; und von Lauchstädt sollst Du ein Mehrers erfahren.

Lebe wohl und denke mein. C. v. Goethe.

Spätestens am 6. Juli 1810 war Christiane gemeinsam mit Caroline Ulrich in Lauchstädt eingetroffen. Diesmal wohnten sie bei Familie Häußer. Dass Christianes Quartiere mehrheitlich auf der Promenade waren, ist wahrscheinlich. Der ehemalige Besitzer der heutigen Promenade 1 (vgl. Abb. 12) hatte zum Andenken an Christianes Aufenthalte in Lauchstädt ein ihr gewidmetes Gartenhäuschen errichten lassen.

500. Christiane

Lauchstädt, den 11. Juli 1810.

Lieber, bester Geheimerath,

Freitag, den 6. Juli, kamen wir glücklich um ein Uhr des Mittags in Lauchstädt an; Carolinen gefiel es gleich sehr, wir beschäftigten uns mit auspacken und ruheten aus. Sonnabend begrüßten wir erst die Allee[74] und den berühmten Teich; ich erfuhr zu meiner größten Freude, daß der Herr von Helldorf bei dem Doctor Koch etwas an

---

73 Die Rolle des Grafen in Heinrich Becks Lustspiel „Die Schachmaschine".

74 An der Lauchstädter Allee befanden sich damals in den niedrigen Arkadengebäuden zahlreiche Geschäfte und Gaststätten.

mich abgegeben hätte. Ich schickte sogleich hin. Und wie sehr ich mich freute über das schöne Becherchen, kannst Du Dir wohl denken; und mein wärmster Dank folgt hier. Die Chocolade wollen wir auf Deine Gesundheit verzehren. Die Gedichte[75] sind sehr schön, das letzte hat mir noch besser als das erste gefallen. Ich habe sie fast alle ausgetheilt. Badegäste sind etliche 80 Familien hier, worunter ich auch einige Bekannte gefunden habe. [...] Übrigens haben wir uns gut eingerichtet, und ich will Dir um des Spaßes Willen schreiben, wie theuer es ohngefähr hier ist. Im Salon[76] haben wir abonnirt; vor Caroline zahle ich 8 Groschen, für mich 12 Groschen, also wöchentlich 6 Thaler. Fürs Logis gebe ich mit zwei Betten 2 Thaler 8 Groschen, denn ich habe wegen des Badens meine Köchin[77] mitgenommen, und unsere zwei Betten waren beim Transport.[78] Wenn ich keine Neben-Ausgaben mache, so brauche ich ohngefähr für das Gewöhnliche 10 Thaler wöchentlich; aber leider hat man mich schon zu drei Soupers dansant[79] gequält, mich aufzuschreiben, wo es à Person 16 Groschen gekostet hat; und da wir doch gern tanzen, so hätte ich es auch ungern ausgeschlagen. [...] Mit meiner Gesundheit geht es alle Tage besser. Den Merseburger Arzt habe ich noch nicht sprechen können, weil er eine kleine Reise gemacht hat.

---

75 Eine Sammlung von vier Gedichten Goethes von 1810, die er später unter dem Titel „Im Namen der Bürgerschaft von Karlsbad" zusammenstellte.

76 Der Salon war der Kur-, Speise- und Tanzsaal. Er hat nun wieder einen restaurierten Parkettboden und ist in fast jeder Hinsicht wiederhergestellt.

77 Sie wurde als „Ate" erwähnt, also eventuell „Beate", der Nachname ist nicht bekannt. Vermutlich war sie Christiane bei dem umständlichen Baden oder auch Wasserholen in der Privatunterkunft behilflich, denn öffentliche Badeeinrichtungen gab es damals im Grunde außer dem Quellpavillon, wo das Wasser gegen geringes Entgelt geholt werden konnte, und dem Duschbad nicht. Die vermietenden Häuser hatten jeweils Badestuben mit Zubern für ihre Gäste eingerichtet.

78 Dass Betten auf Reisen mitgenommen wurden, war lange noch üblich, hierbei meinte aber Christiane keine Bettgestelle, sondern nur die Bettdecken und -wäsche.

79 Ein Abendessen mit anschließendem Tanzvergnügen.

Ich will auch vor der Hand nicht in meine Gesundheit stürmen mit Arzeneien, da mir das Egerwasser allein so gut bekommt. Ich trinke jetzo an der letzten Kiste. Auf den Donnerstag will ich anfangen zu baden. Bis jetzt habe ich gar keine Anwandlung von Magenkrämpfen mehr. Der hiesige Arzt hat mir gerathen, nach dem Bad ein Glas Malaga zu trinken, und dieses will ich auch thun, weil das Baden den Magen doch wieder angreift. Wenn Du etwa noch Gelegenheit hast, eine Kiste Egerwasser zu besorgen, so thue es ja, denn ich habe auch sogar das vorjährige mit ausgetrunken und habe nur noch 16 kleine Fläschchen, welche bald alle sein werden. Künftiges Jahr, wenn Du nach Karlsbad gehst, werde ich erst nach Eger gehen und dann nach Karlsbad; so, glaube ich, wird es gut sein. Das mineralische Wasser ist doch das beste. […] Badegäste kommen noch alle Tage an; und ich glaube, bis in die Mitte dieses Monats wird es noch ziemlich voll hier werden. Freilich gegen Karlsbad ist es nichts; worauf wir uns denn freilich sehr freuen, übers Jahr mit Dir zu sein. Denn hier kann es nie wieder für das Theater etwas werden, wegen der Gesellschaft in Halle, denn alles von Halle und den umliegenden Gegenden geht in das Hallische Theater. […]

Wenn ich nur manchmal so ein Stündchen könnte bei Dir sein, dieses ist mein Wunsch.

Nun lebe wohl und denke mein. C. v. Goethe.

502. Christiane

Lauchstädt, den 18. Juli 1810.

Dein letzter Brief, mein Lieber, hat mir viel Freude gemacht. […] Es fängt hier an recht brillant zu werden. Wir haben hier vier Tage hintereinander getanzt, und die größten Feste des Jubiläums[80] stehen uns noch bevor, welches künftigen Montag gefeiert wird, wo alle Badegäste mit in die Kirche ziehen, und die Damen sich alle weiß und blau kleiden. Carolinen gefällt es hier sehr gut, und mir

80 Die Kuranlage feierte ihren 100. Geburtstag.

bekommt das Baden und Tanzen beides außerordentlich gut. Je mehr ich Bewegung habe, desto besser befinde ich mich. […] Ich freue mich nur sehr, daß Dir das Wasser so gut bekommt; und so gern als ich dich wieder bei mir sehe, so wünsche ich doch, daß Du es brauchst [solange,] als es geht. Denn ich hoffe, daß wir noch einen schönen Herbst zusammen in Weimar zubringen wollen, wo Du im Häuschen alles wieder aufgeputzt und sauber finden sollst. Meinen Geburtstag werde ich wohl in Lauchstädt feiern. Den 12. Juli habe ich mit Carolinen zu Hause gefeiert; wir haben des Morgens von Deiner guten Chocolade getrunken, des Mittags speisten wir im Salon, wo es sich gerade so traf, daß uns die beiden Grafen von Schulenburg mit Champagner, worin sich Eis befand, regalirten[81], und so tranken wir beide im Stillen Deine Gesundheit; und des Abends waren wir allein und haben Dich hoch leben lassen. […] Am Montag wurde „Jery und Bätely"[82], welches recht gut ging, und „Der 24. Februar"[83] aufgeführt. Es war alles mäuschenstill im Theater, und es ging beinah wieder so gut als die erste Vorstellung. Sie haben sich alle drei sehr viel Mühe gegeben; Haide hat besonders großen Beifall eingeerntet. Die Damen sind alle ohne Ohnmacht heraus gekommen, aber essen konnte niemand viel. Die Urtheile waren verschieden; […] ich wollte dieses mal in keine betrübte Stimmung kommen, weil mich alles doch zu sehr angreift; bin also abwechselnd heraus und herein gegangen und habe in der Zeit an etwas Anderes gedacht; und wenn ich wieder hereinkam, hat es mir doch außerordentlich gefallen. […] Das Egerwasser wird hier sehr häufig getrunken, und mit dem meinigen bin ich nun auch bald fertig. Diesen Sommer werde ich es wohl nun sein lassen müssen, denn ich habe beinah drei Kisten getrunken, und in die Länge

81 Regalieren, hier im Sinne von köstlich, königlich bewirten.

82 Ein Stück von Goethe.

83 Melodrama von Zacharias Werner, der auch besuchsweise in Weimar gewesen war. Mit diesem Stück von 1808 begründete er die Gattung des Schicksalsdramas.

greift es doch sehr an. Übers Jahr werde ich es ja wohl an der Quelle trinken, und das in Deiner Gesellschaft. […]

Weiter weiß ich Dir für heute nichts zu sagen, als daß ich wünsche, daß [Du] recht gesund zurückekommen mögest, und daß Du mich lieb behältst, so lieb wie ich Dich. C. v. Goethe.

503. Goethe

[…] ich habe mich seit der Zeit nicht so gut wie im Anfang aufgeführt und bin von einigen Übeln angegriffen worden, von denen mich aber Stark glücklich befreit hat, der eben angekommen war; nun ist alles wieder in Ordnung, und ich befinde mich recht schön. Eigentlich war ich selbst Schuld an meinem Unfall. Ich hatte aufgehört zu trinken, und wollte nun gleich anfangen zu arbeiten, welches nicht ganz klug war. Stark selbst befindet sich abwechselnd, und ich will noch einige Zeit hier zusehen und dann nach Töplitz zum Herzog gehen. Stark räth mir die dortigen Bäder und das Eger-Wasser. Von diesem will ich noch ein paar Kisten nach Weimar schicken, wovon ich mir Eine aufzuheben bitte. […]

Daß Lauchstädt sich bevölkert, dazu wünsche ich Dir Glück. Lasse dir Cur und Zerstreuung wohlbekommen. […]

Halte […] zu allen Gliedern des Theaters ein gutes Verhältniß, insofern es nur möglich sein will. Grüße Genasten, er wird sich nach seiner Art durchhelfen. […]

Unterhaltet euch gut mit alten und neuen Verehrern. Carolinchen viel Grüße. Von August hab ich einen Brief.

Karlsbad, den 22. Juli 1810. G.

504. Christiane

Lauchstädt, den 24. Juli 1810.

Lieber Geheimerath,

Unser Aufenthalt in Lauchstädt wird immer lustiger, weil wir täglich mehr Bekanntschaft machen und theils auch viele alte Bekannte wieder gefunden haben, […] Seit zehn bis zwölf Tagen haben wir täglich einige Stunden getanzt und dieses, glaube ich, vollendet meine Cur besser, nebst dem Wasser, als alle Medicin; denn die Ärzte behaupten so, ich wäre vor lauter Gesundheit krank. Nun etwas von den hiesigen Festlichkeiten.[84] Zwei Tage vor dem Jubiläum sah man schon nichts als Reiter und Wagen, und in ganz Lauchstädt war auch nicht ein Kämmerchen zu haben. Und es wurde folgender Maßen gefeiert. Sonnabend wurde „So sind sie alle" gegeben, unser Capellmeister Müller dirigirte diese Oper, und sie wurde mit diesem kleinen Orchester zum Verwundern gut gegeben. […] Den Abend nach der Komödie wurde das Fest mit Kanonen angekündigt, worauf ein großes Souper dansant folgte. Sonntag früh 9 Uhr wurden alle Badegäste in [den] Salon eingeladen, wo die Herren blau und die Damen blau und weiß erscheinen mußten,[85] wo von da um den Brunnen herum in die Kirche gezogen wurde; den Anfang machte die Jugend, welche die kleinen Prinzen und Prinzessinnen von dem Prinzen Emil von Holstein anführten, darauf folgte die Prinzeß selbst und nach ihr alle Damen paarweis; so auch führte der Prinz den Zug der Männer an. Unter dem Donner der Kanonen und Glockengeläute kamen wir glücklich in der Kirche an, wo der hiesige Pastor eine sehr schöne Rede hielt, wo denn der König, unser Herzog von Weimar, und besonders die Künstler wurden gelobt und gepriesen. Vor und nach der Predigt wurde eine sehr schöne Kirchen-Musik von dem Capellmeister Müller und von unseren Sängern und Sängerinnen aufgeführt. Alsdenn ging der Zug wieder nach dem Salon, wo dann unter Gesang und Trompeten und Pauken zwei Linden hinter dem Brunnen, nach dem Salon zu, gepflanzt wurden, den hundertjährigen gegenüber. Alsdenn folgte ein großes Diner im Saal von 280 Personen; 200 speisten im Freien, und im kleinen Pavillon wurde auf Kosten der

84 Aus Anlass der ersten baulichen Fassung der Heilquelle in Lauchstädt 100 Jahre zuvor.

85 Blau und Weiß sind die Lauchstädter Farben.

Badegäste gespeist, […] um 6 Uhr wurde das Theater eröffnet, wo das Gedränge so war, daß über 200 wieder weggehen mußten. […] Nach Endigung des Schauspiels[86] war die ganze Allee illuminirt, und die hundertjährigen Linden bekränzt, so auch bis in ihre Wipfel illuminiert; transparente Vese in Bogen standen über dem Brunnen. Der Saal war mit Guirlanden geziert, und eine transparente Sonne stand über dem Namen des Königs. Beim Souper war alles auf Kosten der Badegäste beim Theater eingeladen,[87] so auch die Capelle. Nach Tische führte der Prinz Emil eine Polonaise durch die ganze Allee auf, alsdann begann der Tanz. […] Nun wird es hier auch wieder allmählich leerer werden, denn bis in die Mitte August dauert doch nur eigentlich der Spaß. Ich denke so ohngefähr den 15. oder 16. August fortzugehen; ich will 8 oder 14 Tage früher als die Gesellschaft in Weimar sein, weil ich noch verschiedenes in meiner Haushaltung zu besorgen habe. […]

Die Schreiberin empfiehlt sich unterthänig.[88]

Vom 4. August bis zum 16. September ist Goethe in Teplitz.

507. Goethe

Fräulein von Riedesel wird dieses Blatt mit über die Berge nehmen, und es soll Dich bei Deiner Ankunft in Weimar begrüßen. Vor allen Dingen muß ich Dir ein Abenteuer erzählen. Ich war eben in ein neues Quartier gezogen und saß ganz ruhig auf meinem Zimmer. Da geht die Thüre auf, und ein Frauenzimmer kommt herein.

---

86 Zwei Stücke wurden hintereinander gegeben, zuerst „Haß den Frauen", ein Lustspiel von Heinrich Blümner, einem Juristen und Schriftsteller, dann „Die Junggesellen-Wirtschaft", ein Singspiel des ebenfalls zeitgenössischen tschechischen Komponisten Adalbert Gyrowetz, und den Abschluss bildete ein Epilog erneut von Blümner.

87 Gemeint ist: Alle beim Theater in Lauchstädt beschäftigten Personen waren auf Kosten der Badegäste eingeladen.

88 Diesen Brief schrieb Caroline Ulrich auf Christianes Diktat hin.

Ich denke, es hat sich jemand von unsern Mitbewohnern verirrt; aber siehe, es ist Bettine[89], die auf mich zugesprungen kommt und noch völlig ist, wie wir sie gekannt haben. Sie geht mit Savignys[90] nach Berlin und kommt mit diesen auf dem Wege von Prag her hier durch. Morgen gehen sie wieder weg. Sie hat mir Unendliches erzählt von alten und neuen Abenteuern. Am Ende geht es denn doch wohl auf eine Heirat mit Arnim[91] aus. Lebe für dießmal recht wohl. Ich habe schon ein paar Bäder genommen, die mir ganz gut anschlagen. Der Herzog befindet sich abwechselnd. Zelter ist immer der Alte. Seine Gegenwart macht mich sehr glücklich. Grüße Carolinchen und August.

Töplitz, den 11. August 1810. G.

Teplitz verließ Goethe am 16. September und machte anschließend für zehn Tage Station in Dresden, um Bekannte zu treffen und sich erneut die Kunstgegenstände anzusehen. Über Freiberg, Altenburg und Löbichau, wohin er die Einladung der Herzogin von Kurland angenommen hatte, kehrte er am 2. Oktober nach Weimar zurück; mehr als sieben Monate hatte seine Abwesenheit gedauert. Sohn August wurde am 15. Oktober vom Hof als Kammerassessor berufen. Gleich zu Beginn des Jahres 1811, am 9. Januar, reiste Goethe nach Jena, wo er bis zum 21. blieb.

519. Christiane

[Weimar, 19. Januar 1811.]

Erstlich, da wir gestern geschlachtet haben, folgen hier 2 Leber-Würste, eine Blutwurst und ein kleines Preßköpfchen. Herr von Wrisberg, welcher von Leipzig zurückgekommen ist, hat uns allerlei Späße mitgebracht. Dafür haben wir ihn auch gestern zur

89 Bettine Brentano, die Schwester des Romantikers Clemens Brentano, war seit längerem schon mit Goethe und auch dessen Mutter befreundet gewesen.

90 Friedrich Karl Savigny und seine Frau Kunigunde (Gundel), geb. Brentano.

91 Sie heiratete wenig später, 1811, den Freund und Arbeitskollegen ihres Bruders, Achim von Arnim.

Schlachtschüssel eingeladen [...] wir waren sehr vergnügt, es ist bis 1 Uhr gesungen und Guitarre gespielt worden; Herrn von Wrisberg versicherte mir, daß er in ganz Weimar keinen solchen vergnügten Abend gehabt hätte; er empfiehlt sich Dir zu Genaden und läßt Dir melden, daß die Dienstags-Gesellschaft künftigen Dienstag und für immer im Palais-Saal gehalten wird [...] Nun kommt aber eine curiose Geschichte, nämlich: Herr von Bülow hat uns sagen lassen, daß künftigen Dienstag Ball sein würde,[92] und er heute selbst herüber käme, um uns einzuladen; wir möchten es zum zweiten Mal nicht gern dem Mecklenburger abschlagen, thun Dir also einen Vorschlag, daß Du bis Mittwoch drüben bleibst oder Montag nach Tische herüber kömmst. Wenn Du drüben bleibst, so wollen wir, ich, Caroline und Mamsell Müller[93], in der „Sonne" absteigen; solltest Du aber herüber müssen, so gingen wir in Dein Logis, doch wäre es freilich lieber, wenn Du drüben bleiben könntest. [...]

520. Goethe

Nach reiflicher Überlegung aller Umstände haben wir uns entschlossen, Montags früh bei guter Zeit von hier abzufahren und bei euch zu Tische zu sein. Kämen wir auch nach Eins, so laßt euch nicht irren: denn ich weiß doch nicht, wann wir hier wegkommen. Auf diese Weise findet ihr das Nest Dienstags rein, habt eure Bequemlichkeit, und wir gewinnen unsre Stunden in Weimar, und somit ist allen geholfen. [...] Lebe recht wohl bis auf frohes Wiedersehen.

Jena, den 19. Januar 1811. G.

Am 21. Januar 1811 kam Goethe nach Weimar, und Christiane fuhr tags darauf wie geplant dorthin und blieb bis zum 24. Nachdem Goethe am 12. Mai nach Karlsbad gereist war, trafen Christiane und Caroline Ulrich

92 Der Ball sollte in Jena stattfinden.

93 Ihre Identität konnte nicht ermittelt werden.

am 29. Mai ebenfalls dort ein, mit der goetheschen Kutsche, die ihnen viele Ausflüge in die Umgebung ermöglichte. Goethe verließ Karlsbad am 28. Juni, während Christiane und Caroline noch zwei weitere Wochen blieben. Über Jena kehrten die beiden Frauen am 17. Juli zurück, besuchten Goethe, und trafen am 19. Juli in Weimar ein. Goethe folgte ab dem 27. Juli nach und blieb dort während der zweiten Jahreshälfte, von kurzen Aufenthalten in Jena abgesehen. 1812 brach Goethe schon am 20. April für zehn Tage in Jena auf, Christiane und Caroline Ulrich besuchten ihn dort zwischen dem 27. und 29. April, woraufhin er am 30. die Kurreise nach Karlsbad antrat.

524. Goethe

Das Wetter ist fürtrefflich und für uns, wie für den Feldbau wünschenswerth. […] Mein Befinden ist gut, und die Arbeiten gehen von Statten.

Deßhalb lassen wir uns nicht anfechten, wenn uns die ökonomische Seite unseres Aufenthalts etwas Bedenken macht. Das Silber ist seit einigen Tagen sehr gefallen; wir haben es nur noch zur Noth mit 100 gegen 1000 alte Banknoten, d.h. Einlösungsscheine 200, verwechseln können. Da nun die Leute nach den letzten rechnen und von den vorjährigen Preisen wenig heruntergehet, so sehet ihr die ungeheure Differenz.

Wir suchen sie durch Ökonomie auszugleichen. Ich wohne im dritten Stock und spare also die Hälfte der Miethe. […]

Wollt ihr nun auch dieses Jahr der Gesundheit wegen hier sein und dabei noch manches unschätzbare Vergnügen der Gegend genießen, auf allen Saus und Braus des vorigen Jahres aber Verzicht thun, so seid ihr den 21. Juni willkommen und werdet in fünf Wochen das Hauptgeschäft abthun und Ende Juli erquickt und froh nach Hause zurückkehren. […]

Ich hoffe, daß der Brief durch den Kutscher, wie die Kiste Egerwasser glücklich angelangt ist. Herzlich grüßend G.

Karlsbad, den 13. Mai 1812.

Christiane kam tatsächlich mit Caroline Ulrich nach Karlsbad, und zwar am 19. Juni 1812. Insbesondere in der Gesellschaft des Prinzen Friedrich von Sachsen-Gotha fühlte sich die Weimarer Gruppe sehr wohl aufgenommen. Am 14. Juli übersiedelte Goethe nach Teplitz, kehrte von dort jedoch am 12. August nach Karlsbad zurück, drei Tage später reiste Christiane mit ihrer Begleiterin wieder nach Weimar. Goethe selbst traf mit kurzem Zwischenhalt in Jena am 16. September dort wieder ein. Im November verbrachte er die ersten vierundzwanzig Tage erneut in Jena.

535. Goethe

Da man euch liebenswürdige, unruhige Ungethüme doch einmal nicht los wird, man mag sich stellen, wie man will, so soll es mir recht angenehm sein, zu hören, daß ihr in der „Sonne"[94] glücklich angekommen seid. […]

Ein herzliches Lebewohl, auf baldiges Wiedersehen.

Jena, den 6. November 1812. G.

Nachschrift.

Gestern Abend habe ich auch Minchen[95] wiedergesehn. Ich überließ es dem Zufall, wie ich mit ihr zusammenkommen sollte. Der hat sich auch recht artig erwiesen, und es war eben recht. Sie ist nun eben um ein paar Jahre älter. An Gestalt und Betragen u. s. w. aber immer noch so hübsch und so artig, daß ich mir gar nicht übel nehme, sie einmal mehr als billig geliebt zu haben. […] G.

---

94 Gasthof in Jena, wo Christiane wieder mit Caroline Ulrich zum Besuch Goethes Quartier bestellt hatte.

95 Minchen ist Wilhelmine Herzlieb, eine Waise, die im Hause Frommann in Jena mit den eigenen Kindern der Familie großgezogen wurde und damals erneut, jetzt als Braut von Johann Gottfried Pfund, im Hause Frommann war.

Verschiedentlich kommen Christiane und Caroline Ulrich im November und Dezember für elegante Bälle nach Jena, so reisen sie am 7. November 1812 in Jena an, gingen abends auf einen Ball, fuhren am nächsten Tag nach Zwätzen und verabschiedeten sich am 9. November nach dem Frühstück. Nach weiteren Aufenthalten kehrten sie am 8. Dezember zurück für die Weihnachtsfeierlichkeiten.
1813 fährt Goethe bereits am 17. April über Naumburg, Dresden, Tharandt, Pirna und Peterswalde nach Teplitz ab und kehrt erst am 19. August zurück. Kein Brief Christianes aus dieser Trennungszeit ist erhalten, was verständlich war, da sie erneut unter Einquartierungen zu leiden hatte. Der Plan, Goethe wieder in Böhmen abzuholen, musste auf Grund dieser den Haushalt belastenden Tatsache und der zunehmenden Kriegshandlungen auf deutschem Boden, die im Oktober in der Völkerschlacht bei Leipzig ihren Höhepunkt fanden, fallengelassen werden. Goethe hat seinerseits ein ausführliches Reisetagebuch an Christiane gesandt, dann erkrankte August auch noch an Masern.

549. Goethe

Teplitz, den 16. Juli 1813.
Soeben erhalte ich euren Brief mit der Nachricht von Augusts Krankheit[96] und ziemlicher Genesung; […] Daß August von einer solchen Krankheit überfallen worden, ist sonderbar genug, er soll sich nur bei der Genesung schonen; denn das ist gerade die gefährlichste Zeit. […] August soll sich nur in Acht nehmen, denn diese Krankheiten, wenn sie glücklich vorübergehen, bringen eher Nutzen als Schaden. […]

Nun lebet wohl. Habt Dank für alles Gute und Sorgfältige, es wird ja wohl bessere Jahre geben. Alle Briefe sind mir richtig geworden. Nun lebe wohl und gedenke mein! Den 12. Juli habe ich bei einem großen Gastmahl im Stillen gefeiert. G.

96 Den Masern.

Am 10. August reiste Goethe von Teplitz nach Dresden, wo er eine knappe Woche verbrachte. Nach einer zweitägigen Fahrt fand er sich am 19. August wieder in Weimar ein, wo das Paar in aller Stille seine silberne Hochzeit beging. Den 64. Geburtstag verbrachte Goethe in seinem geliebten Ilmenau im Thüringer Wald. Dort entstand das entzückende Gedicht, das die Goetheforschung mehrheitlich auf seine Liebe zu Christiane bezieht.

555.a. Goethe

[Stadt-Ilm, 26. August 1813]

Ich ging im Walde
So vor mich hin,
Und nichts zu suchen
Das war mein Sinn.

Im Schatten sah ich
Ein Blümchen stehn,
Wie Sterne blinkend,
Wie Äuglein schön.

Ich wollt es brechen,
Da sagt' es fein:
Soll ich zum Welken
Gebrochen sein?

Mit allen Wurzeln
Hob ich es aus
Und trugs zum Garten
Am hübschen Haus.

Ich pflanzt es wieder
Am kühlen Ort;
Nun zweigt und blüht es
Mir immer fort.

26. August 1813

Nachdem Goethe durch den Herzog und andere gute Bekannte Glückwünsche in Gedichtform in Ilmenau überreicht wurden, ließ er es sich nicht nehmen, am 2. September 1813 nach Weimar zurückzukehren und seinerseits am 3. September dem Herzog im Römischen Haus persönlich zu gratulieren. Weitere Briefe aus dem Jahr 1813 sind nicht überliefert. Frühjahr und Sommer 1814 verlebte Goethe – Christiane nutzte diesen Aufenthaltsort mit seiner erst kurz zuvor entdeckten Schwefelquelle ebenfalls – viel Zeit in Berka an der Ilm, damals ein kleines Dorf. Inzwischen hatte sich Caroline Ulrich mit Riemer verlobt. Am 25. Juli reiste Goethe zu einer ausführlichen Kur nach Wiesbaden. Er war mitten an seiner Arbeit am „Westöstlichen Diwan", doch in Eisenach entstand als ein Nebenprodukt das Gedicht „Der neue Copernicus", das er Christiane schickte und das ihr viel Freude bereitete. Er lobte darin nämlich seinen geschlossenen Reisewagen, den ihm offenbar Christiane ans Herz gelegt hatte. Die erste von insgesamt drei Strophen lautet:

Artiges Häuschen hab ich klein,
Und, darin verstecket,
Bin ich vor der Sonne Schein,
Gar bequem, bedecket:
Denn da gibt es Schalterlein,
Federchen und Lädchen;
Finde mich so wohl allein,
Als mit hübschen Mädchen.

568. Christiane

Lieber, guter Geheimerath,

Wir wollen Dir nur in größter Eile melden, daß Du uns alle in der besten Gesundheit finden wirst. Aus Deinem Brief haben wir gesehen, daß es Dir recht wohl gegangen ist, und ich freue mich recht sehr, daß ich doch die Ursache war, daß Du wieder einmal in diese Gegend[97] kamst. Und nun, da es zum Winter geht, erwarten wir Dich alle mit größter Sehnsucht. Das Theater hat wieder seinen Anfang genommen, und die Schauspieler wünschen alle nur Deine Zurückkunft, [...]

97 Nach Hessen und vor allem in den Rheingau.

So wie ich mich dieses Mal auf Dich freue, läßt sich nicht beschreiben, ich darf mir es gar nicht denken. Mit Liebe erwarte ich Dich wie immer und bin glücklich.

Weimar, den 26. September 1814. C. v. Goethe.

Es dauerte jedoch einen weiteren Monat, bis Goethe über Heidelberg, Darmstadt und Frankfurt nach Weimar kam. Er langte am 27. Oktober dort an. Wenig später erfolgte Caroline Ulrichs Verheiratung mit Riemer, woraufhin sie den goetheschen Haushalt verließ.

Das Jahr 1815 begann mit der eingangs erwähnten ernsthaften Krankheit Christianes. Die neue Gesellschafterin, Johanna Christiane Sophie Kirsch, geborene Müller, begleitete Christiane am 1. März zu einem Behandlungszyklus durch den Hofrat Stark nach Jena, der sie innerhalb von zwei Wochen anscheinend komplett gesunden ließ. Im April verbrachten Christiane und Frau Kirsch erneut eine Woche in Jena. Goethe ermunterte sie, bei einer Kur in Karlsbad weitere Kräfte aufzutanken, während er selbst, wie im Jahr zuvor, die Main- und Rheingegend aufsuchen wollte, im Wesentlichen, um seine Arbeit am „Diwan" fortzusetzen.

590. Christiane

Karlsbad, den 19. Juni 1815.

Deinen lieben Brief habe ich den 15. erhalten, und gleich nach meiner Ankunft habe ich Dir geschrieben; den wirst Du schon erhalten haben. […] Vergangnen Sonnabend Abend waren wir zu einem Picknick im Posthofe eingeladen, es war Ball; alle Equipagen fuhren hinaus. […] Auch sind wir im Theater gewesen. Es wurde „Der Rehbock"[98] gegeben; das Stück reizte uns nicht sowohl, als die mimischen Vorstellungen, die uns sehr gelobt worden waren, und sie haben uns auch sehr wohl gefallen. Überhaupt finde ich, daß die Gesellschaft [sich] recht gebessert hat […] Daß Dir alles so gut gehet, [ist] die Hauptsache, und ich denke, wir wollen recht frohe

98 Lustspiel von August von Kotzebue. Die Aufführung in Karlsbad hatte am 14. Juni 1815 stattgefunden.

Dir alles erzählen. Alle Tage wird, wie wir zu Tische kommen, das erste Glas Wein trinken, Deine Gesundheit getrunken. Wasser und Wein sind unser Bestes, denn das Essen ist mir wieder schlechter vorgekommen. Wenn nur erst das Wetter besser wird, alsdann ist alles gut. Ich bin schon ganz anders als zu Hause, sehe aber ein, daß ich sehr krank war. Ich bin aber auch nur glücklich durch Dich und Deine Liebe, und mir ist nur betrübt, daß es Dir so viel kostet. Doch Du gibst es mir gerne. Nun lebe wohl. C. v. Goethe.

Christiane kam stark gebessert von Karlsbad zurück und genoss noch einen schönen Herbst in Weimar, bis Goethe nach einer Abwesenheit von fast fünf Monaten am 11. Oktober 1815 wieder im Haus am Frauenplan eintraf. Im Jahr 1816 hielt sich Goethe ab dem 11. Mai für einige Wochen in Jena auf. Drei Briefe aus dieser letzten Spanne des gemeinsamen Lebens sind von Christiane erhalten, zwei vor dem zweiten großen Anfall vom 19. Mai, der letzte ist datiert auf den 22. Mai.

599. Christiane

Weimar, den 15. Mai 1816.

Tausend Dank für alles Überschickte. Bei uns ist alles in Tumult, der Zauberlehrling[99] ist in allen Zimmern eingekehrt; Deine Zimmer sind aber alle schon fertig. Minchen ist mit Arbeit noch ganz beschäftiget.

Der neue Schauspieler ist, wie Du weißt, sehr hübsch und hat sehr lebhaft gespielt gegen unsern. Hier folgen auch noch 6 Bouteillen Wein.

Lebe wohl und denke mein. C. v. Goethe.[100]

600. Christiane

Weimar, den 18. Mai 1816.

Ich freue mich unendlich, daß Dirs gut geht, denn das ist ja unser

---

99 In der Familie Goethes gern gebrauchter Ausdruck für das Großreinemachen.

100 Den Brief schrieb nach Christianes Diktat der Bibliothekssekretär Johann Michael Franke, nur die letzte Zeile stammt von Christianes Hand.

aller Glück. Daß Du das vorige Mal nicht mehr geschrieben hast,[101] war nicht meine Schuld; Kräuter, der mich am besten versteht und in meiner Correspondenz der Brauchbarste ist, war an diesem Tage früh weggefahren, und ich sah mich genöthigt, um Dir doch nur einiges zu schreiben, Franken von der Bibliothek holen zu lassen, mit dem ich nicht so recht fertig werden konnte, daher die wenigen Zeilen. Jetzt aber, da mir Kräuter wieder zur Hand ist, hoff ich, soll es besser fließen.

Die Bestätigung Deines Wohlbefindens aus dem Munde des Canzler Müller hat mich sehr vergnügt. Auch ich befinde mich leidlich; ich benutze jeden Sonnenblick, um in freie Luft zu kommen, die mir so wohl thut. Im Allgemeinen aber ist die gegenwärtige Witterung in unserm Thale nicht die angenehmste, es ist kühl, naß, windig, alles auf einmal.

Dein Garten steht gegenwärtig in seiner größten Pracht, und es macht wirklich verdrüßlich, daß die üble Witterung so wenig im Freien zu sein erlaubt. Die Äpfelbäume blühen in höchster Fülle, es steht Blüthe an Blüthe, die Rabatten vor Deinen Fenstern schmücken die schönsten gefüllten Tulipanen, deren schöne Farben die stolzen Kaiserkronen verdunkeln, und trotz der geringen Wärme und den kühlen Nächten reift doch alles der Vollkommenheit entgegen. Möge Dich die schöne Blüthe in Jena für diese Entbehrung reichlichst entschädigen.

Wäre nur recht viel Neues und Interessantes bei uns vorgefallen, meine Feder sollte nicht ermüden, Dir alles haarklein zu erzählen; so aber fehlt es mir gänzlich an dergleichen, alles geht seinen ruhigen Gang fort, und was ich Dir ja noch würde erzählt haben, das hat mir schon August in seinem Briefe, über dessen Länge Du Dich dießmal freuen wirst, weggenommen.

Nun lebe wohl und vergnügt. C. v. Goethe.[102]

---

101 Eigentlich gemeint ist: nicht mehr Geschriebenes von mir bekommen hast.

102 Auch hier stammt nur die letzte Zeile von Christiane selbst, der erwähnte

601. Christiane

Lieber Geheimerath!

Ich habe Dich um Verzeihung zu bitten, daß ich Deinen gut gemeinten Rath wegen des Aderlasses nicht schleunig genug nachgekommen, wodurch höchst wahrscheinlich ich diesem Unfalle entgangen wäre. Ich danke Gott, daß es so glücklich überstanden ist. Gegenwärtig befinde ich mich ziemlich wohl, der Kopf ist mir sehr leicht, alle Sinne sind frei und heiter, und nirgends ist mehr ein Druck oder betäubende Schwere zu bemerken. Nur die spanische Fliege[103] incommodirt mich noch etwas.

Lebe nun wohl und gedenke mein.

Weimar, den 22. Mai 1816.

Champagner ist dießmal in unserm Keller gar nicht zu finden. Ramann hat mir noch keinen geschickt. *Wertheimer*, 2 Bouteillen, folgen anbei. C. v. Goethe.

Goethe kehrte besorgt von Jena zurück, als er erfuhr, dass Christiane am 29. ernsthaft erkrankt war. Vermutlich schon sehr bald nach Christianes Tod am 6. Juni 1816 entstanden diese Verse auf sie:

Ein rascher Sinn, der keinen Zweifel hegt,
Stets denkt und thut und niemals überlegt,
ein treues Herz, das wie empfängt, so gibt,
Genießt und mittheilt, lebt, indem es liebt.
Froh glänzend Auge, Wange, frisch und roth,
Nie schön gepriesen, hübsch bis in den Tod.

Bibliotheksbeamte und Schreiber Goethes, Friedrich Kräuter, schrieb den übrigen Brief.

103 Spanische Fliege, ein Käfer, der in der Regel in zerriebener Form als Pulver oder Pflaster zur Linderung vielfältiger Leiden benutzt wurde. Der enthaltene Wirkstoff Cantharidin ist ein Reizgift, dessen Anwendung den kranken Körper „entschlacken" sollte.

LITERATURHINWEISE

Biographien bzw. allgemeine biographische Literatur zu Goethe und seinem Umfeld

Bollmann, Stefan: Warum ein Leben ohne Goethe sinnlos ist, München 2016

Damm, Sigrid: Christiane und Goethe: Eine Recherche, Berlin 2010

Eckermann, Johann Peter: Gespräche mit Goethe in den letzten Jahren seines Lebens, hg. von Fritz Bergemann, 2 Bde., 6. Aufl., Frankfurt am Main 1994

Friedenthal, Richard: Goethe. Sein Leben und seine Zeit, Neuausgabe, München/Zürich 1982

Kleßmann, Eckart: Christiane. Goethes Geliebte und Gefährtin, Zürich 1992

Maurer, Doris: Charlotte von Stein, Frankfurt am Main 1997

Miller, Norbert: Der Wanderer: Goethe in Italien, München 2002

Briefausgaben und kommentierte Briefausgaben

Arnim, Bettine von: Goethes Briefwechsel mit einem Kinde, hg. von Waldemar Oehlke, Frankfurt am Main 1984

Damm, Sigrid: „Sommerregen der Liebe". Goethe und Frau von Stein, Berlin 2015

Der Briefwechsel zwischen Goethe und Schiller, hg. von Emil Staiger, Frankfurt am Main 1966

Goethes Ehe in Briefen. Der Briefwechsel zwischen Goethe und Christiane Vulpius 1792–1816, hg. von Hans Gerhard Gräf, Frankfurt am Main 1994

Schöne, Albrecht: Der Briefschreiber Goethe, München 2015

Internet

Goethe: Briefwechsel mit seiner Frau, Band I und II, http://gutenberg.spiegel.de/autor/johann-wolfgang-von-goethe-205 (24.04.2017)

BILDNACHWEIS

Archiv Historische Kuranlagen und Goethe-Theater Bad Lauchstädt:

– Archiv: Abb. 8

– Postkarte, Verlag Goethe-Kaufhaus, um 1915: Abb. 7

– Postkarte, Verlag Goethe-Kaufhaus, um 1915: Abb. 12

Klassik Stiftung Weimar, Bestand Museen

– DHz/00293: Abb. 1

– Ge-2014/61 (bpk/Klassik Stiftung Weimar/Foto: Alexander Burzik): Abb. 2

– HHz/AK 3221 (bpk/Klassik Stiftung Weimar): Abb. 3

– KG E/ 00249 (Bardua): Abb. 4

– KHz/03354: Abb. 5

– Inv.-Nr. Gr-2006/29801: Abb. 6

– Gr-2010/810 (bpk/KSW/Foto: Olaf Mokansky): Abb. 9

– Obj. 1553: Abb. 10

– GHz/ Sch. I. 3360071: Abb. 11

Wikimedia

– https://commons.wikimedia.org/wiki/File:Grab_der_Christiane_von_Goethe.jpg (Foto: Barnos): Abb. 13